KB073778

지혜를 찾는 이에게

지혜를
찾는
이에게

프레데릭 르누아르 지음

이현웅 옮김

울력

지혜를 찾는 이에게

지은이 | 프레데릭 르누아르
옮긴이 | 이현웅
펴낸이 | 강동호
펴낸곳 | 도서출판 울력
1판 1쇄 | 2021년 3월 15일
등록번호 | 제25100-2002-000004호(2002. 12. 03)
주소 | 08234 서울시 구로구 개봉로23가길 111, 8-402 (개봉동)
전화 | (02) 2614-4054
FAX | (0502) 500-4055
E-mail | ulyuck@hanmail.net
정가 | 12,000원

ISBN | 979-11-85136-62-2 03100

비록 우리가 다른 사람의 지식으로
학자는 될 수 있다 하더라도,
현자는 우리 자신의 지혜로밖에 되지 않는다.

몽테뉴, 『에세이』, I, 25.

일러두기

1. 이 책은 Frédéric Lenoir가 지은 *La sagesse expliqée à ceux qui la cherchent* (Éditions du Seuil, 2018)을 번역하였다.

2. 이 책은 원서와 달리 각 질문별로 구분하여 편집하였다. 원서는 장별로 질문과 설명이 이어서 조판되어 있다.

3. 이 책에서는 원서의 이탤릭체로 표시된 것을 중고딕체로 표시하였다.

4. 본문에서 [ ] 안에 표시된 것은 이해를 쉽게 하기 위해 옮긴이가 보충한 부분과 주석이다. 주석은 '옮긴이'로 표시해 놓았다.

5. 이 책은 국립국어원 표준국어대사전에 올라 있는 어휘들은 붙여 썼고, 그 이외에는 띄어쓰기를 원칙으로 하였다.

차례

·
·
·
·
·
·
·
·
·
·
·

당신의 삶을 잘 꾸려 가고 싶으신가요?

독자여, 당신도 아실 테지만, 우리는 이 작은 책 전체에 걸쳐서 대화를 할 것입니다. 그래서 나는 우선 당신이 당신의 깊은 관심사에 대해 스스로 묻는다면 좋겠습니다. 실제로, '지혜'라는 말은 상당히 다른 두 가지 의미를 갖고 있습니다. 당신은 당신의 행동이 절제 있고 신중하길 원하기 때문에 이 책을 펼쳤습니까? 혹은 당신의 삶을 잘 꾸려 가고 싶기 때문에, 즉 좋은 삶, 선을 따르고 행복한 삶을 영위하고 싶기 때문인가요? 여기서 나를 흥미롭게 만드는 그 철학적인 의미에서, 지혜란 성공적인 삶의 이상(理想)입니다. 이것이 바로 당신이 열망하는 건가요? 출세하는 것 ― 주목 받는 직업을 갖고, 많은 돈을 버는 것 ― 이 아니라, 당신의 삶을 잘 꾸려 가고 싶은 것, 곧 좋고 행복한 존재를 영위하는 것 말입니다.

언제나 인간들은 자기 존재의 의미에 대해 질문을 제기합니다. 우리는 먹고, 자고, 아이를 낳고, 일을 하고, 심심풀이를 해소하기 위해서만 지상에 있는 걸까요? 아니면 인간의 삶은 다른 의미를 지닐 수 있는 걸까요? 여러 시대와 매우 다양한 장소에 걸쳐, 수많은 사람들이 이 질문에 답하려고 시도했습니다. 그리고 한 가지 내용으로 수렴되는 답이 나왔는데, 그 답은 그들의 지식과 경험의 결실입니다. 그들의 말에 따르면, 우리의 짧은 삶에서 가장 중요한 건 가능한 가장 좋은 삶을 영위하기 위해 마음과 지성이 말하는 바에 따라 살아가는 법을 배우는 것입니다. 이는 인간으로서 성장하기 위해서입니다. 그리고 깊은 차원에서까지 행복하고 다른 사람에게 가장 필요한 존재가 되기 위해서입니다. 또한 우리의 영혼을 어둡게하고 우리와 타인과의 관계를 깨트리는 악을 정복하기 위해서입니다. 이런 것이 '지혜'라고 불리는 것입니다. 곧 고귀하고, 의식적이고, 명철하고, 책임감 있고, 상냥하고, 다른 사람과 조화를 이루고, 올바르고, 마음의 평정을 유지하고, 기쁘고, 자유로운 삶이라는 이상을 향해 나아가는 것입니다.

실제로 저는 그 이상을 열망하고 있지만, 거기에
도달할 수는 없지 않나요?

 거기에 도달하기는 매우 어렵습니다. 그리고 제가
지혜를 무슨 수를 써서라도 도달해야 할 목표가 아
니라, 우리가 그것을 향해 나아가야 할 이상으로 정
의 내린 것도 그런 이유 때문입니다. 지혜가 성장하
기를 원한다는 건 이미 우리의 삶을 바꿀 수 있는
근본적인 선택을 했다는 것입니다. 즉, 우리의 가치
를 위계화하길 선택했다는 것입니다. 무엇이 중요
하고 무엇이 그렇지 않을까? 내 삶에 어떤 우선권을
부여해야 할까? 무엇보다도 나는 외적인 부를 원하
는가, 아니면 내적인 부를 원하는가? 나는 많은 물
질적 부에 둘러싸여 죽기를 더 원하는가, 아니면 몇
몇 소중한 친구들에게 둘러싸여 죽기를 더 원하는
가?

그중 어떤 한 가지가 반드시 다른 한 가지를 배제하는 건 아닙니다! 부자이면서도 지혜로울 수는 없을까요?

물론 그렇게 될 수 있습니다. 돈과 사회적인 성공이 반드시 지혜에 반대되는 건 아닙니다. 선하고 지혜로우면서도 부자이고 큰 권력을 쥔 사람이 있고, 탐욕스럽고 심술궂으면서도 가난하고 무명인 사람이 있습니다. 로마 황제 마르쿠스 아우렐리우스는 그의 시대에 가장 부자이면서 가장 큰 권력을 쥐고 있던 사람 중 하나였습니다. 또한 그는 지혜롭기를 열망한 동시에 올바른 삶을 살려고 노력했습니다. 그런데 만일 부와 권력이 그의 영혼을 부패시킬 것 같았다면, 그는 그 두 가지를 포기할 준비가 되어 있었을 것입니다. 왜냐하면 지혜의 추구가 그의 주요한 목적이었기 때문입니다.

그래서 말인데, 당신에게 드릴 질문이 있습니다. 당신에게는 무엇이 가장 중요한가요? 그 이상에 가까이 가기 위해 기울여야 할 노력이 아무리 크다 해도 당신의 삶을 잘 꾸리고, 선하고 행복한 삶을 향

13

해 나아가는 건가요? 아니면, 비록 여기서도 그 두 가지가 반드시 양립 불가능한 것은 아니라 할지라도, 출세를 하는 것, 즉 부자가 되고 인정을 받는 것이 더 중요한가요?

이런 질문은커녕 잘 자고, 잘 먹고, 성행위를 하고, 오락거리를 찾거나, 또는 세계를 개선하는 데 기여하기는커녕 자신을 개선하는 데 더 이상 관심을 두지 않는 사람도 있습니다. 12세기의 위대한 유대인 사상가 마이모니데스가 다음과 같이 말하듯이 말입니다. "어떤 인간이든 올바른 사람이나 […] 심술궂은 사람, 지혜로운 사람이나 어리석은 사람이 될 가능성을 갖고 있다. […] 그를 강제하거나 그의 행동을 미리 결정하는 사람은 없고, 그를 선이나 악의 길로 데려갈 사람도 없다. 그 자신이 스스로, 충분한 자각을 하며, 원하는 길로 들어선다." 스피노자와 프로이트를 따라서, 제가 인간의 자유의지에 대한 절대적인 믿음에 미묘한 변화를 주고 있다고 하더라도(그만큼 우리는 무의식적인 정동에 의해 조건 지어져 있습니다), 우리가 서로 정반대 방향으로 우리의 삶을 이끌 수 있는 윤리적인 선택에 끊임없이 직면하는 건 확실합니다. 그런데 지혜를 찾는 사람은 발

전하고 성장하기 위해, 자신 안에 있는 지성, 창조
성, 선의 잠재성을 계발하기 위해 노력합니다. 그는
또한 자신이 살고 있는 세계의 운명을 개선하기 위
해 스스로 참여하려고 노력합니다.

그러면 당신은요? 삶에서 당신에게 우선적으로 중요한 건 무엇이었나요? 당신은 당신이 쓴 책들의 성공 덕분에 비교적 부자이고 유명합니다. 이런 것이 당신의 주요한 관심사였나요?

저로서는 이 질문에 답하는 것이 중요합니다. 만일 제가 이 길로 들어서지 않았고, 지혜에 관한 어떠한 관심이나 경험도 없었다고 한다면, 어떻게 제가 당신에게 지혜에 대해 말할 수 있을까요? 고대의 철학자들에게 지혜란 이론적인(그리스어 sophia) 동시에 실천적인(phronèsis) 앎입니다. 한 가지는 다른 한 가지 없이는 성립될 수 없습니다. 제 친구 앙드레 콩트 스퐁빌 — 진실로 지혜를 사랑하는 사람입니다 — 이 말한 것처럼, "지혜로운 사람은 자신의 삶을 생각하고 자신의 생각대로 살아갑니다." 행동 속에서 자신의 생각과 신념을 구체화하려고 노력하는 것이 문제인 것입니다. 이것은 언제나 그 두 가지 사이에 완벽한 일관성이 있다는 걸 의미하는 것이 아니라, 일관성이 있도록 우리가 지속해서 노력해야 한다는 걸 의미합니다.

당신의 질문에 답하겠습니다. 어릴 때부터 저는 삶의 의미에 대해 의문을 품었습니다. 저는 '왜 우리는 이 땅 위에 있을까?'라고 스스로에게 묻곤 했습니다. 13살인가 14살 무렵 아버지께서 제 손에 플라톤의 『향연』을 쥐어 주셨을 때, 저는 해답의 실마리를 발견하기 시작했습니다. 그때 저는 모든 소크라테스의 대화를 게걸스럽게 읽었고, 제가 이후에 진정으로 무엇을 하기를 바라는지 이해했습니다. 곧 나를 알고, 세계를 알고, 지혜 속에서 성장하기를 배우는 것이 그것이었습니다! 사춘기 때 저는 지혜를 추구하는 일에 자양분을 공급할 철학, 심리학, 영성에 관한 책을 무수히 읽었습니다. 대학 입학 자격시험 이후에 저는 철학과에 등록을 했는데, 그 학과 명칭의 어원은 '지혜에 대한 사랑'을 의미합니다. 저는 인도에서 몇 달을 보냈고, 티베트의 라마승들 곁에서 명상하는 법을 배우기도 했습니다. 이렇게 아주 큰 노력을 기울이며 영성을 추구할 때, 저는 그리스도와 관련하여 매우 강렬한 신비 경험을 하기도 했습니다. 이 경험 때문에 저는, 20살에, 여전히 철학 공부를 하면서도 수도원으로 들어갔습니다. 저는 3년 3개월 뒤에 종신 서원 작성을 포기하며 그곳을 나왔습니다. 왜냐하면, 비록 제가 그곳의 검소하고 관조적인 삶을 좋아했지만, 제게는 교회의 어떤 도그마 — 그 내용이 어떻든 간에 — 를 추구하는 것이 적절하다고 생각되지 않았고, 순결한 삶을 사는 것도 나와 맞지 않다고 판단했기 때문입니다. 그래서 저는 열린 자세로 다시 지혜를 추구하게 됐고, 특히 불교에 관심을 갖게 되어 불교와 서구의 만남을 주제로 박사 학위를 취득했습니다. 이때 이후로 저는 공부하고, 독서하고, 지혜의 물음이기도 한 존재에 관한 큰 물음에 대해 성찰하고, 명상하기를 결코 멈추지 않았습니다.

동시에, 저는 선하고 행복한 삶을 향해 나아가기 위해 항상 노력을 기울이며 저를 대상으로 중요한 작업을 했습니다. 즉, 거의 20년간 여러 종류의 치료를 받은 것입니다! 이 치료 작업으로 저는 자신을 더 잘 알게 되었고, 저를 수많은 장애에서, 곧 정서적으로 고통스러웠던 어린 시절부터 존재한 공포, 슬픔, 분노에서 해방시킬 수 있었습니다. 이런 식으로 — 또한 명상의 도움을 받으며 — 저는 제 감정을 보다 더 잘 받아들이고 관리하는 법과, 몸과 마음과 정신을 연결하는 법을 배웠습니다. 왜냐하면 제게는 우리 존재의 여러 요소를 조화롭게 만드는 것도 지혜의 핵심적인 측면으로 보이기 때문입니다. 이 사실은 제가 나중에 강조할 것입니다.

이제 당신이 제기한 돈과 사회적 인정에 관한 질문으로 돌아갑시다. 비록 책들의 성공 때문에 제가 지금 매우 많은 돈을 벌고 있긴 하지만, 저에게 돈이 첫 번째 목적이었던 적은 한 번도 없었습니다. 이 성공은 제가 42살 때, 그러니까 제한적으로만 알려진 20여 권의 책을 이미 썼을 때 찾아왔습니다. 그렇다고 제가 [이전에] 불행했던 적은 한 번도 없습니다. 저는 돈을 많이 벌건 적게 벌건 간에, 그리고 인정을 받건 그렇지 않건 간에, 저의 우선적인 가치에서 결코 벗어난 적이 없습니다. 제 책이 많이 팔리기 시작했을 때, 저는 몇 가지 물질적인 욕망을 따르기는 했습니다. 가령, 컨버터블 스포츠카를 몰았습니다! 이후에 저는 싫증이 나 그 차를 팔고 다시 예전의 낡은 차를 몰았습니다. 이 차는 지금 연식이 20년이 넘었고 35만 킬로미터를 주행했습니다. 제 수입의 대부분은 세금으로 나가거나(따라서 사회를 위해서 쓰이거나), 이따금 제가 직접 설립한 여러 단체와 재단에 기부되고 있습니다. 저는 매우 잘 살고 있지만, 과도하게 사치스런 생활을 하진 않습니다. 사회적 인정에 관해 말씀 드린다면, 저는 수년간에 걸친 치료로 다음의 사실을 이해하게 됐습니다. 즉, 저는 한때 저를 자랑해도 괜찮다고 아버지에게 증명하기 위해 사회적 인정이 필요했습니다. 하지만 일단 제가 저에 대한 진정한 자신감을 키우고 앞서와 같은 신경증을 완전히 치료하자, 저는 인정 욕구에서 해방됐습니다. 유명세 때문에 저는 제 생각을 사람들에게 전파할 수 있는데, 저는 이것으로 만족합니다. 현재, 저의 유일한 삶의 이유는 인간으로서 계속 성장하고 다른 사람에게 필요한 사람이 되는 것입니다.

그러면 당신은 지혜로운 사람인가요?

전혀 아닙니다! 다시 한 번 말씀 드리지만, 지혜는 제가 노력해서 나아가야 할 이상입니다. 비록 제가 저의 가치, 저의 생각, 저의 행위를 정합적인 것으로 만들기 위해 가장 성공적으로 노력한다고 해도, 여전히 거기에 이르는 데 어려운 영역이 있습니다! 저는 제 성격의 몇 가지 경향을 바로잡는 데 이르지 못했습니다. 핵심적인 것은 지혜를 원하고, 성장하기를 바라고, 변화하고, 스스로를 향상시키는 것입니다. 이상이 너무 높기 때문에 포기를 하거나 죄책감을 느끼기보다는, 비록 이르지는 못할지라도, 추구하는 행위를 계속 하는 것이 더 낫습니다. 더구나 저는 점점 더 깊고 넓은 차원에서 행복해지고 있고, 거의 아무것도 제 기쁨과 평정심을 흔들지 못합니다. 그런데 내일 친구의 죽음이나 중병 때문에 제가 그것들을 잃지 않는다고 누가 말할 수 있을까요?

가장 중요한 것은 자신에게 목표나 방향을 부여한 다음, 거기에 이를 수 있을지 결코 확신하지 못하더라도, 거기에 도달하는 길을 따라가기 위해 노력하는 것이라고 말하는 건가요?

정확합니다. 제가 가장 좋아하는 금언 가운데 하나 ― 저는 이 금언을 출력해서 액자에 끼워 두고 있습니다 ― 는 몽테뉴의 『에세이』에 나오는 글인데, 세네카에게서 영감을 받은 것입니다. "어느 항구로 갈지 모르는 사람에게 호의적인 바람은 결코 없다." 삶에서 나아가기를 원한다면, 목표 없이 방황하기보다 항구, 곧 목표를 정하고, 거기에 이르기 위한 수단을 가져야 한다는 의미의 글입니다. 목표에 이르길 열렬히 바라지 않고서는 아무도 거기에 도달하지 못합니다. 예술, 스포츠, 직업, 가족에 대해서 진실인 것은 지혜, 즉 좋고 행복한 삶이라는 이상에 대해서도 그만큼 진실입니다. 가장 깊은 차원에서 지속적으로 행복하겠다고 욕망합시다. 그런 다음, 그 상태에 이르기 위한 수단을 가집시다. 그러면 우리에게 호의적인 바람이 불 겁니다. 보다 지성적이고, 명철하고, 훌륭하고, 책임감 있는 인간이 되겠다고 욕망합시다. 그러면 우리는 보다 나아질 기회를 가질 수 있을 겁니다. 반면에, 이 중 아무것도 욕망하지 않는다면, 우리가 인간으로서 성장할 기회는 거의 없을 겁니다. 삶이 우리가 거기에 이르는 걸 도울 수 있도록, 각자의 삶을 예술 작품으로 만들길 바랄 필요가 있습니다.

그런데 저는 '현자는 기대를 하지 않는다'라고 읽었습니다. 그러니까, 예를 들어 불교의 지혜에서는 모든 욕망을 제거해야 한다고 읽었습니다.

붓다가 괴로움을 겪지 않기 위해 제거해야 한다고 제안하는 것은 집착하는 욕망, 즉 갈애(산스크리트어로 탄하tanha)입니다. 그런데 모든 욕망은 그 자체로 나쁜 것이 아니며, 오히려 정반대입니다. 스스로를 향상시키겠다는 욕망, 보다 나아지겠다는 욕망 혹은 '깨달음'에 이르겠다는 욕망은 가장 필요하고 이로운 영적인 욕망입니다. '현자는 기대를 하지 않는다'라는 말은, 현자가 지혜를 욕망하지 않는다는 의미는 결코 아닙니다. 그 말은, 현자는 바람과 그 바람이 실현되리라는 기대 속에서 살지 말아야 한다는 걸 의미합니다. 그는 지혜를 얻기 위해 할 수 있는 모든 것을 다 하지만, 어떤 결과도 기대하거나 바라지 않습니다. 그렇지 않다면 그는 기만당하며 전 생애를 보내게 될 것입니다! 만일 그가 자신이 가는 길에서 발전을 한다면, 만일 그가 보다 행복해지고 꾸준함이 확고해진다면, 잘된 일입니다. 만

24

일 그가 지혜에 이르는 데 어려움을 겪고 그의 노력의 결과가 항상 약속한 대로 나타나는 것이 아니더라도, 이것은 중대한 문제가 아닙니다. 지혜의 추구는 명령에 따른 것이어서도 안 되고, 성과를 추구하기 위해 행해져서도 안 됩니다. 그런데 우리는 지혜의 정신과 반대되는 것, 즉 성과, 효율성, 이익을 숭배하고, "너는 행복하고 성공적인 삶을 살아야만 한다"는 명령으로 이루어진 세계에서 살고 있습니다. 현자가 지혜를 열망할 때, 그는 영적인 영웅이 되는 것, 가장 지혜롭거나 덕이 많은 사람이 되는 것을 열망하는 것이 아니라, 자신의 한계, 나약함, 연약함을 받아들이며 자신이 할 수 있는 만큼 성장하기를 열망하는 것입니다. 지혜를 추구한다는 건 겸손함의 길과 있는 그대로를 수용하는 길을 간다는 것입니다.

지혜, 영성, 종교와
철학의 차이는 무엇인가요?

당신은 사람들이 여러 시대에 걸쳐 다양한 장소에서 지혜를 추구했다고 말했습니다. 이런 보편적인 추구는 어떻게 해서 생겨났나요?

아마도 **호모 사피엔스**는 지상에 출현한 이후로 자기 존재의 수수께끼에 관해 자문을 했을 겁니다. 그들이 의식을 거행하며 종종 음식과 사냥무기와 함께 사자(死者)를 땅에 묻었다는 사실은 그들이 내세에 대한 어떤 믿음을 갖고 있었다는 걸 보여 줍니다. 인류의 가장 오래된 텍스트 중 하나인 『길가메시 서사시』는 약 4천 년 전에 메소포타미아에서 작성된 것으로, 삶의 의미, 죽음과 불멸, 지상에서 행복해질 가능성에 관한 물음이 텍스트를 관통하고 있습니다. 이 텍스트는 그러한 물음 속에서 지혜와 관련된 커다란 물음에 접근하고 있습니다. 비록 부분적으로밖에 대답하지 않더라도 말입니다.

당시, 인간 사회는 제도화된 종교에 의해 완전히 지배되고 있었습니다. 그 종교는 신앙과 의식을 전달하고, 막 형성되기 시작한 여러 거대 문명의 토대 역할을 했습니다. 개인은 집단보다 덜 중요한 존재였습니다. 그런데 『길가메시 서사시』는 종교적이고 집단적이기보다는 영적이고 개인적인 차원의 염려를 드러낸 최초의 텍스트였습니다. 하지만 개인의 운명에 관한 물음이 보편화되기 위해서는 천 년을 훨씬 넘는 시간을 기다려야 했습니다. 기원전 첫 번째 천년의 중간쯤이 되어서야 모든 문화적 영역에서 개인의 행복, 선한 삶, 안녕과 해방을 추구하는 걸 보게 됩니다. 중국, 이집트, 페르시아, 메소포타미아, 유대[과거에 팔레스타인의 사마리 지역 남부로 유대인들이 머물던 곳: 옮긴이], 인도, 그리스 할 것 없이 도처에서 인간적 삶의 의미에 대해 자문을 하고, 도시나 왕국 또는 제국의 운명만큼이나 개인의 운명에 대해서도 심사숙고를 하게 됩니다. 이렇게 해서, 인류의 거대한 영적인 흐름들이 출현하는 것과 더불어, 중국의 유교와 도교, 인도의 우파니샤드와 자이나교와 불교, 페르시아의 조로아스터교, 이스라엘의 메시아주의적 유대교, 그리스의 철학과 같은, 지혜를 추구하는 흐름이 생겨나게 됩니다.

이런 모든 흐름들이 세계의 여러 지역과 다양한
문화 영역에서 거의 동시적으로 생겨났습니다.
그 흐름들은 서로 영향을 미쳤을까요?

이따금 상호작용이 있었습니다. 그리스철학의 아
버지 가운데 한 사람인 피타고라스는 아마도 인도
를 여행한 듯 보이고, 유대인의 메시아주의는 이집
트, 바빌로니아, 페르시아 문화와 접촉하며 발달했
습니다. 하지만 이런 직접적인 접촉은 드문 사례이
고, 몇몇 사상과 관심사는 매우 단순하게도 인간 정
신의 보편적 성격이라는 이유 때문에 다양한 문화
영역에서 동시에 나타났다고 보는 것이 더 개연성이
높을 것입니다. 피부색이 어떠하든 간에, 도처에서
인간은 스스로에게 같은 물음을 제기하고, 행복을
열망하고, 질투와 연민을 느끼고, 동일한 도덕적 관
심사나 정신적 딜레마를 갖고, 친지를 잃은 슬픔과
대면하게 됩니다. 한 사회가 경제적·문화적 발달의
어떤 단계에 이를 때, 생존과 안전에 대한 근본적인
욕구가 보장될 때, 동일한 영적 관심사가 나타납니
다.
이때 중대한 정치적·종교적 문제를 제기하지 않

을 수 없습니다. 왜냐하면 지혜를 찬양하는 사람들은 이러저러한 방식으로 집단과 전통의 중압감으로부터 인간 존재를 해방시키기 때문입니다.

당신은 지혜가 사회적 지배력을 행사하는 종교
나 정치로부터 개인을 해방시킨다고 보는 건가
요? 지혜는 혁명적인 성격을 갖고 있는가요?

절대적으로 그렇습니다. 지혜가 개인으로 하여금
자신과 세계를 알도록, 앎과 이성을 발달시키도록,
자유로워지도록, 자신의 본성을 따라 자기를 완성
하도록 고무하는 한에서, 지혜는 종교적·정치적 권
력 — 이 권력은 이따금 폭력을 사용하며 사회집단
의 결집과 안정성을 유지하기 위해 서로 결탁해 작
업을 합니다 — 에 대해 매우 전복적입니다. 만일 개
인이 사적인 안녕이나 행복에 전념하기 시작하면,
만일 그가 이성과 지식을 발달시키면, 그는 집단의
규칙에 더 이상 동조하지 않을 위험이 생깁니다. 더
구나 만일 그가 사랑이 법보다 더 중요하고, 모두가
동일하게 행복하거나 구원받기를 열망하기 때문에
모든 인간 존재가 평등하다고 생각하게 되면, 이때
에는 사회의 정치-종교적 시스템이 붕괴될 수도 있
습니다. 바로 이런 이유 때문에, 위대한 지혜의 선구
자들은 박해를 받았고, 더 나아가서는 죽임을 당했

습니다. (이스라엘의 다른 예언자들에 이어) 예수는 죽음에 처해졌고, 붓다는 아마도 독살되었을 것입니다. 왜냐하면 이 두 사람은 모든 인간 존재가 평등하고 자비가 법보다 우위에 있다는 메시지를 찬양했는데, 이는 종교적·정치적 권위 기구가 받아들일 수 없는 일이었기 때문입니다.

남자건 여자건 간에, 혹은 가난하건 부유하건 간에, 모든 인간이 종교적 의식에서 아무것도 빌려 오지 않은 개인적인 영적 수행으로 '깨달음'에 이를 수 있다고 설파하면서, 붓다는 인도 사회의 모든 기반을 이루던(오늘날까지도 대부분의 지역에서 기반을 이루는) 카스트제도를 시대에 뒤진 것으로 만들어 버리고, 자신들만이 해방에 이를 수 있고 자신들만이 세계의 질서를 유지하는 데 필수불가결한 종교 의식을 거행할 수 있다는 브라만교도의 주장을 무색하게 만들었습니다.

사랑이 법보다 더 중요하다고 확언하고, 안식일마다 병든 사람을 치유하고, 간음한 여인을 돌로 때려죽이는 일을 거부하면서, 예수는 유대인의 법을 위반하고 (사제의 역할을 무용한 것으로 만든) 사랑의 보편적인 지혜를 찬양했습니다. 소크라테스도 젊은이들을 타락시키고 도시의 종교를 위협한다는 이유로 고발당해 죽음에 처해집니다. 마치 오늘날에 우리가 종교와 영성을 혼동하는 경향이 있는 것처럼, 우리는 영적인 추구와 지혜의 혁명적인 성격을 더 이상 이해하지 못하고 있습니다.

종교와 영성의 차이에 대한 문제로 잠시 되돌아 올 수 있나요? 사실 제 머릿속에서는 그 두 가지가 다소 혼동이 됩니다.

간단하게 생각해서, 종교는 집단적이고 영성은 개인적이라고 말해 둡시다. 종교는 개인들로 하여금 그들을 넘어서는 초월성에 대한 믿음을 공유하게 하면서 (도시국가, 국가, 왕국이라는) 동일한 정치적 실체 안의 그들을 묶어 두려고 합니다.

영성은 진리, 사랑, 진정한 행복을 찾기 위해 모든 문화적 조건과 지적 선입견으로부터 풀려나려고 노력하는 개인의 사적인 노력입니다. 영적인 삶은 정신(라틴어로 spiritus, 여기서 'spirituel[영적인]'이라는 단어가 나옵니다)과 동시에 마음을 내포합니다. 종교는 신앙에의 복종, 도그마, 규율, 규범을 요구합니다. 이 두 가지는 같은 목적 — 행복, 정의, 사랑, 평화 — 을 지향할 수 있지만, 서로 다른 수단을 통해 그렇게 합니다.

그런데 이 두 가지 차원은 공존할 수도 있습니다. 우리는 모두 종교적인 동시에 영적이고, 훌륭하고,

정신이 열려 있는 사람을 알고 있습니다. 반면에, 어떤 사람은 자신에게 한 마디 물음도 제기하는 일 없이 자신이 믿는 종교의 도그마를 맹목적으로 따르고 이따금씩 무관용이나 광신적인 폭력에 빠질 수 있습니다.

요약을 하면, 인간은 영적인 동시에 종교적인 동물이고, 다른 종의 동물과 비교해, 이것이 아마도 인간의 독특한 성격일 거라고 말하고 싶습니다. 인간이 영적인 이유는, 자기 존재의 의미에 대해 질문을 제기하는 동시에 거기에 답하려고 하고, 또한 마음과 지성을 통해 스스로를 발전시키고자 하기 때문입니다. 마찬가지로 인간이 종교적인 이유는, 그가 경배하는 보이지 않는 실체에 대한 믿음을 기반으로 사회를 만들기 때문입니다. 인간의 역사는 **호모 사피엔스**가 형이상학적인 질문에서 출발해 종교를 만들어 내기 시작하고, 이어서 종교 바깥에서 영적인 흐름을 발달시키기 위해 종교로부터 스스로를 (어느 정도 부분적으로, 혹은 전면적으로) 해방시켰다는 사실을 우리에게 보여 줍니다. 이것이 우리가 지혜라고 부르는 것입니다. 고대의 위대한 철학 학파는 지혜의 성격을 띠고 있습니다. 그들은 종교적인 믿음이 아니라 이성에 토대한 영성을 권장합니다. 불교, 유교, 도교에 대해서도 같은 말을 할 수 있습니다. 비록 이 종교들이 역사가 진행되는 동안 사회를 결속시키는 정치적 역할을 했다는 사실 때문에 오늘날에도 종교성의 요소가 그 흐름들에 남아 있다고 해도 말입니다. 몽테뉴, 스피노자, 크리슈나무르티 같은 독립적인 사상가들도 있습니다. 그들은 지혜를 키우며 자신들의 삶에서 그것을 구체화하고자 노력했습니다.

당신은 조금 전에 철학이라는 단어의 어원이 '지혜에 대한 사랑'이라고 말했습니다. 그런데 저는 오히려 철학이 행복의 추구와는 큰 관계가 없고, 영성과는 더욱더 관계가 없는 매우 이성적인 학문이라고 생각합니다!

당신이 생각하는 철학은 사실 오늘날 대학교나 고등학교에서 가르치는 대로의 철학에 속합니다. 그런데 철학이 기원전 첫 번째 천년의 중반기에 그리스에서 생겨났을 때, 그것은 지혜의 추구를 주요한 목적으로 삼았습니다(*philo*[나는 사랑한다], *sophia*[지혜를]). 이 지혜의(따라서 행복한 삶의) 추구는 진리를 찾는 이성의 도움을 받아 이뤄집니다. 에피쿠로스가 다음과 같이 상기시키듯이 말입니다. "철학은 대화와 논증을 통해 우리에게 행복한 삶을 마련하는 활동이다." 철학자는 지혜를 욕망하지만 자신이 잘못 생각하기를 원치 않습니다. 이런 이유 때문에, 그는 진실하거나 올바른 것과 그렇지 못한 것을 구별하기 위해 자신의 지성을 사용합니다. 따라서 철학자는 지식인도, 교사도, 전문가도 아니고, 명철한 태도로 좋고 행복한 삶을 영위하려고 노력하는 정신의 모험가입니다. 앙드레 콩트 스퐁빌이 요약하는 대로, "지혜는 최대의 명철함 속에서 최대의 행복을 경험하는 것"입니다. 고대인이 생각한 대로의 철학은 전문가 양성을 목적으로 하지 않고, 인간 양성을 목적으로 하고 있습니다.

오늘날, 우리는 '철학자'를 '철학사'나 사상의 전문가쯤으로 혼동하고 있습니다. 비록 우리보다 앞서 살았던 사람들의 사상을 아는 것이 매우 귀중한 일이지만, 우리는 그것들을 몰라도 철학을 할 수 있습니다. 우리가 놀라거나, 물음을 던지거나, 이성적인 추론을 하거나, 가능한 가장 훌륭한 삶을 살려고 노력할 때 말입니다. 아이들은 이렇게 할 능력이 있습니다.

고대의 철학은 매우 다양하지만 모두 지혜의 추구를 주요 목적으로 한 (플라톤주의, 아리스토텔레스주의, 에피쿠로스주의, 스토아주의, 견유주의, 회의주의, 신플라톤주의 같은) 큰 흐름들을 중심으로 천 년 가까이 발전해 왔습니다. 비록 이 학파들이 모든 종류의 분과 학문 — 논리학, 수사학, 수학, 물리학, 우주론 — 을 연구하기는 하지만, 이들 가르침의 궁극적인 목적은 행복을 얻고 인간을 양성하는 것입니다. 이는 인간이 한 인간으로서 성장하도록 하기 위해서입니다.

예를 들어, 에피쿠로스학파의 원자에 대한 개념이나 스토아학파의 우주론은 존재에 대한 그들의 윤리적 시각에서 없어서는 안 될 것입니다. 에피쿠로스학파는 죽음을 두려워하지 않습니다. 왜냐하면 인간은 모든 것이 원자로 구성되어 있어, 그의 영혼이 그의 육체와 더불어 사라진다 하더라도, 신과 관련해서나 **죽음** 이후의 운명과 관련해서 두려워할 것이 없다고 생각하기 때문입니다. 역으로, 스토아학파는 신적인 보편적 **로고스**(이성)의 일부분인 불멸의 개인적 **로고스**를 소유하고 있다는 확신에 토대해 행동합니다. 고대 철학 학파들 사이의 이론적인 차이가 얼마나 크든 간에, 모든 학파들은 실천적이고 실존적인 철학과, 예술과, 생활 방식을 제안했습니다. 위대한 고대 철학사가인 피에르 아도는 다음과 같은 사실을 아주 잘 상기시켜 주었습니다. "철학적인 행위는 앎의 차원에만 있는 것이 아니라, '자기'와 존재의 차원에도 있다. 그것은 우리로 하여금 보다 잘 존재하고 우리를 보다 낫게 만드는 진보이다. 그것은 삶 전체를 전복시키고, 철학적인 행위를 완수하는 사람의 존재를 변화시키는 전환이다. 그것은 그로 하여금 진정성을 결여하고, 무의식에 의해 모호해지고, 근심에 의해 잠식된 삶의 상태로부터 진정성이 있는 삶의 상태로 이행하게 만든다. 그러한 삶의 상태에서 인간은 자기에 대한 앎, 세계에 대한 정확한 시각, 내적인 평화와 자유에 이르게 된다."

요컨대, 철학을 한다는 건 살아가기를 배운다는 것입니다. 그리고 이런 이유 때문에 그리스와 로마시대에 지혜를 추구한 학파들은 초심자에게 다양한 정신적 훈련, 그러니까 주의를 기울이고, 의식을 검토하고, 삶의 금언을 실천하고, 자기를 다스리고, 고통을 치료하고, 선한 것을 기억하는 것 등을 제안했습니다. 이후에 기독교 '교회'의 초기 설립자들은 이런 훈련 중 몇 가지에 영감을 받아 그것을 종교적 관점에서 재수용하기도 했습니다.

왜 그러한 철학의 실천적이고 영적인 개념이 거의 사라졌을까요? 왜 그것이 지식의 학문으로만 변하게 됐을까요?

고대의 지혜의 학파들은 그들이 번영을 누렸던 로마 '제국'이 기독교를 받아들이자 사라졌습니다. 유스티니아누스 황제는 529년에 가장 오래된 아테네 학파를 폐쇄시켰고, 철학자 히파티아가 5세기 초반에 가장 늦게 창설한 알렉산드리아학파는 640년 아랍인이 침략할 때까지 남아 있었는데, 이번에는 무슬림들이 이 학파를 폐쇄시켰습니다. 하지만 그들은 그리스 철학자들의 주요 저서를 번역하도록 했고, 이 작업은 이후 르네상스의 여명기에 고대의 지혜를 재발견하는 데 있어 중요한 역할을 담당하게 됩니다. 따라서 다름 아닌 유일신 종교가 승리하면서 고대 철학에 조종이 울리게 됩니다. 믿음이 이성을, 도그마적 확실성이 지혜의 추구를 대체하게 됐습니다.

하지만 그 때문에 르네상스 때 그리스 철학의
재발견은 지혜가 현대로 전해지는 데 호의적인
작용을 미치지 않았나요?

　실제로, 르네상스 최초의 위대한 사상가들인 마르
실리오 피치노나 피코 델라미란돌라는 지혜의 그리
스적 이상을 되살리려고 시도하고, 고대인들을 따
라 인간 존재를 우주와 통합하려는 노력을 하게 됩
니다. 즉, 인간은 그가 연결되어 있는 '전체'의 일부
분에 속하고, 따라서 '자연'의 보편적인 법칙을 따
라야 한다는 것입니다. 17세기에 철학자 바뤼흐 스
피노자는, 어떤 방식을 통해, 고대인들에게서 물려
받은 이런 시각을 더욱더 유효한 것으로 만들고, 전
적으로 지혜의 추구에 헌정된 윤리 철학을 세우게
됩니다. 이보다 한 세기 앞서, 몽테뉴도 '인간에게
걸맞은' 지혜를 제안했는데, 이 지혜는 보다 회의주
의적인 색채를 띠지만 그만큼 행복과 기쁨을 향한
것이기도 합니다. 하지만 17세기 초에 르네 데카르
트는 인간과 '자연'의 관계에서 환상을 없애려고 하
고, 의식과 주관성에서 출발하는 철학을 다시 생각

하게 됩니다. 비록 데카르트 자신이 특히 정념의 제어를 통한 행복한 삶에 여전히 흥미를 느끼고 있다 하더라도, 그는 방금 언급한 방식대로 철학적 근대성의 지배적인 길을 그리게 됩니다. 곧 원하고 생각하는 주체의 열정을 제어할 것을 권장하는데, 근대 철학의 주요한 지표로 남아 있는 칸트나 헤겔도 이 길로 들어서게 됩니다. 더구나 칸트는 행복을 이성이 아니라 상상력의 이상인 것처럼 정의 내리고, 지혜를 매장시킵니다.

'다른 길' — 블랑딘 크리젤의 표현을 다시 취한 표현 — 은, 곧 고대인들, 르네상스 사상가들, 스피노자의 길은 지하 감옥으로 내던져지게 됩니다. 오늘날 대부분의 사상가들에게 지혜는 고리타분한 동시에 사람들을 착각하게 만드는 길처럼 보입니다.

그럼에도 불구하고 점점 더 많은 현대인들이 저처럼 지혜에 관심을 갖고 있는 듯합니다. 당신은 고대인들의 지혜를 오늘날의 시류에 맞게 전달해 온 두 명의 저자 — 앙드레 콩트 스퐁빌과 피에르 아도 — 를 인용했습니다. 도교나 불교 같은 동양의 지혜에 대한 최근의 관심은 말할 것도 없고요…

그것은 사실입니다. 제 자신이 고대의 지혜나, 스피노자나 몽테뉴에 대해 깊은 앎을 가질 수 있었던 것은 그들[앙드레 콩트 스퐁빌과 피에르 아도]과 마르셀 콩슈 같은 몇몇 사람들 덕분입니다. 하지만 지혜에 관심을 갖고 있는 철학자는 학문적인 집단의 주변부에 머물러 있습니다. 대부분의 대학교수는 어떠어떠한 사상가나 어떠어떠한 시대에 대한 최고 전문가이고, 학문적인 엄격함을 이유로 개인적인 사상을 갖거나 개인적인 실천을 하는 걸 스스로 금하고 있습니다. 수많은(전부는 아닙니다) 철학 교사에 대해서도 같은 말을 할 수 있습니다. 그들은 가능한 가장 중립적인 입장에 머물러 있기를 바라며, 지혜를 찾으러 모험을 떠나길 회피하면서 학생들에게 철학사를 전달합니다. 모험을 떠난다는 건 영적이고 실존적인 개입을 한다는 걸 내포하는데, 그들은 이따금씩 잘못 생각하여 이러한 개입을 종교적인 믿음과 동일시합니다.

다른 한편으로, 실제로, 점점 더 많은 수의 대중들이 지혜에 대해 진정한 열정을 품고 있는 걸 관찰할 수 있습니다. 스토아학파의 현자들, 몽테뉴, 스피노자의 저서가 지금처럼 널리 읽힌 경우는 한 번도 없었습니다. 달라이 라마의 책을 시작으로 동양의 현자들의 저서들도 마찬가지입니다. 제가 생각할 때, 이런 현상은 종교적 이데올로기, 정치적 이데올로기, 극단적 자유주의에서 비롯한 소비주의 이데올로기, 이 세 가지가 붕괴한 데서 비롯하는 듯 보입니다. 이 이데올로기들은 인류에게 행복을 가져다주려고 했지만, 그것들의 방법은 모두 실패했습니다. 따라서 우리의 동시대인 중 많은 사람이 스스로에게 새로이 삶의 의미에 대한, 개인적이고 집단적인 행복에 대한, 선하고 성공적인 삶에 대한 질문을 제기하고 있습니다. 우리는 더 이상 고대인들과 같은 사회적, 경제적, 문화적 환경에서 살고 있지 않습니다. 하지만 인간의 정신과 마음은 2,500년 전 이

래로 변화하지 않았고, 그들이 스스로에게 제기했
던 실존적인 물음과 더불어 그들이 실행한 몇몇 영
적 수행은 우리에게 완전히 적합한 것으로 남아 있
습니다.

행복은 당신 안에 있다

우리가 대화를 시작하면서 말한 것처럼, 저는 보다 깊이, 보다 지속적으로 행복하길 열망하고 있습니다. 당신은 이것이 지혜의 목표라고 제게 대답했습니다. 그런 일이 정말로 가능할까요, 그리고 어떻게 하면 거기에 이를 수 있을까요?

행복에 관한 물음은 인류의 지혜와 관련해서 생겨난 모든 큰 흐름의 한가운데 있는 것입니다. 에피쿠로스가 상기시키듯이, 우리는 내용은 다를지라도 모두 행복을 열망하고 있습니다. 그런데 우리는 행복이 물이나 바람처럼 붙잡을 수 없는 거라는 경험을 하기도 합니다. 우리가 행복을 붙잡았다고 생각하는 순간, 그것은 우리를 벗어납니다. 그것은 붙잡으려고 시도하면 도망칩니다. 이따금 그것은 우리가 바라는 곳에서는 숨어 버렸다가, 아주 예기치 않은 순간에 불현듯 나타납니다. 저도 그런 경험을 했지만, 그럼에도 불구하고 우리는 우리의 삶에 관해 숙고하고, 자신을 대상으로 작업을 하고, 가장 분별력 있게 선택하는 법을 배우고, 생각이나 믿음을 변화시키고, 우리가 우리 자신과 세계에 대해 지니고 있는 그림을 변화시키면서 실제적으로 더 행복해질 수 있습니다. 행복의 커다란 역설은 그것이 길들일 수 없는 것인 동시에 길들일 수 있는 것이란 점입니다. 그것은 운명이나 운에 달려 있는 만큼이나 이성적이고 의지적인 행동 방식에 달려 있습니다.

인도건, 중국이건, 그리스건 간에, 고대인들의 지혜는 삶의 부침에 좌우되지 않고 외부 세계의 사건에 좌우되지 않는 존재의 전반적이고 지속적인 만족의 상태를 추구하는 것과 비슷한 것이었습니다. 따라서 그것은 내적인 상태인 것처럼 간주되는 행복의 관념과 동일시됩니다. 고대의 철학자들은 대개는 쾌락 경험의 양가성에서 출발해 행복의 개념을 구상했습니다. 곧 쾌락은 필요나 욕구의 충족이지만, 그것은 지속되지 않고 외적인 원인에 따라 좌우됩니다. 현자는 더 이상 (명예, 관계, 부 등의) 외적인 원인에 좌우되지 않는 만족스럽고 지속적인 상태를 만들어 내고자 열망합니다. 예를 들어, 에피쿠로스에게 그러한 이상(理想)은 평정의 상태, 고통의 부재 상태(아타락시아ataraxie)에 머물기 위해 쾌락을 완화하고 분별하도록 우리를 돕는 실천적인 이성(프로네시스phronesis) 덕분에 도달할 수 있습니다. 붓다의 경우에는 실망과 괴로움을 낳는 욕망-집착을 포기하고, 궁극적으로는 '깨달음,' 곧 내가 자연스럽게 나와 동일시하는 그 에고(ego)는 내가 아니라고 의식하는 것을 통해 지복의 상태에 도달하는 것입니다 [불교에서는 '이것이 나다'라고 말할 수 있는 나의 궁극적인 정체는 존재하지 않는다. 왜냐하면 '나'(나의 마음)는 끊임없이 변화를 하기 때문이다. 고정된 '나'가 있다고 생각하는 건 일종의 착각이다. 불교에서 명상을 하는 주된 이유 중 하나는 이러한 '나의 없음(無我)'을 통찰하기 위해서이다: 옮긴이].

우리는 지혜의 이상을 다음과 같이 정의할 수 있을 겁니다. 곧 지혜는 세계를 우리의 욕망에 맞추려고 애쓰기보다, 욕망을 세계에, 달리 말하면 현실에 맞추기 위해 욕망을 변화시킵니다. 우리는 모든 것이 우리에게 호의적일 때만이 아니라, 무조건적으로 삶을 사랑하는 법을 배웁니다. 오늘날 대부분의 지식인들이 믿지 않는 이 지혜의 이상을 저는 재평가하기를 원했습니다. 거의 40년 동안 제가 이런 방식으로 지혜를 추구했기 때문입니다.

우리는 존재보다는 소유 쪽으로 편향되어 있는
행복의 현대적 개념으로부터 매우 멀리 떨어져
있습니다. 우리가 행복에 대해 말할 때에는 불
식시켜야 할 커다란 오해가 있습니다….

지혜의 이상 그리고 여기에 내포된 행복의 개념은
우리의 물질주의적이고 소비주의적인 사회에 널리
퍼져 있는 행복에 대한 시각, 그러니까 가장 훌륭하
고, 가장 경쟁력 있고, 부자이고, 인정을 받는 것 등
의 것과는 사실 정반대됩니다. "언제나 더 많이"라
는 우리 동시대의 명령에, 지혜는 "더 좋게 존재하
기"의 추구를 대립시킵니다. 행복은 소유의 차원보
다는 존재의 차원에서 추구될 수 있습니다. 저는 지
혜의 추구가 까다로운 것이라고 덧붙이고 싶습니
다. 그것은 지식의 수련, 사고의 심화, 이성의 활용
과 의지의 동원, 관점과 욕망을 올바른 방향으로 돌
리기 등을 요구합니다. 요컨대, 그것은 길고 힘든
추구로, 현대의 약장수가 행복이라고 파는 쉽고 빠
른 처방의 대척점에 있는 것입니다. 저는 또한 행복
에의 명령, 곧 파스칼 브뤼크네르가 완벽하게 비판

한 현대의 모토 때문에 상당히 절망하고 있습니다. 『영원한 행복감(*L'Euphorie perpétuelle*)』의 저자는 실제로 섬세하게 다음과 같은 사실을 지적하고 있습니다. 즉, 제2차 세계대전이 끝난 이후로, 행복에의 "권리"가 "의무"로, 따라서 부담으로 변했다는 것입니다. 현대인은 행복해져야 할 "단죄"를 받았고, "만일 거기에 이르지 못하면, 그는 자신밖에 탓할 수가 없다. […] 아마도 우리는 행복하지 않다는 이유로 사람들을 불행하게 만드는 사회를 역사상 처음으로 만들어 내고 있을 것이다. […] 구원과 타락이 있던 자리에 성공과 실패가 들어섰다." 이러한 행복에의 명령 — 게다가, 현대적 성과 기준과 연관된 행복 — 이 사람들을 불행하게 만들 뿐이라는 사실은 잘 이해되고 있습니다. 아마도 이것은 자기완성이라는 현대적 명령에 제대로 응답할 수 없다는 이유로 의기소침하는 사람들의 수가 증가하는 것에 대한 설명 중 하나가 될 것입니다. 자기완성이란 정신의학 역사가인 알랭 에랭베르가 잘 언급한 바 있는 그 유명한 "자기가 된다는 것의 피곤함"입니다.

저는 지혜가 전반적이고 지속적인 상태의 행복으로 이끈다는 것을 잘 이해하겠습니다. 하지만 뤽 페리 같은 오늘날의 몇몇 작가는 칸트를 좇아 행복과 불행, 선과 악 사이에 존재하는 근본적인 불균형을 강조합니다.

붓다가 "모든 것이 고통이다"라고 단언할 때, 그 것은 태어날 때부터 죽을 때까지 삶이 일련의 고통스런 경험들로 구성되어 있다고 상기시키는 것입니다. 그리고 심지어 우리가 행복한 순간을 경험하고 있을 때에도, 그 순간은 사라지기 쉬운 상태로 남아 있습니다. 붓다는 또한 우리에게 "모든 것이 영속적이지 않다"라고 말합니다. 이 세상에는 어떤 것도 안정적이거나, 지속적이거나, 영원히 고정되어 있지 않습니다. 우리의 욕망에 대해서도 같은 말을 할 수 있습니다. 그래서 우리는 우리가 욕망하는 것을 소유하지 못해서 괴로워하고, 우리가 소유하고 있는 것을 잃을 거라는 두려움에 괴로워하고, 우리가 소유하고 있는 것을 잃어버린 것에 대해서 괴로워하게 될 겁니다. 따라서, 그렇습니다, 실제로 우리의 일상적 삶에서는, 비록 개인에 따라 현저한 차이가 날 수 있지만, 아마도 악이 선보다 더 많이 존재하고 있을 겁니다. 바로 이런 이유 때문에 붓다는, 인류의 모든 현자와 마찬가지로, 더 이상 괴로움에 대해 그렇게 취약하지 않을 수 있는 길을 탐색했습니다. 지혜는 고통의 만연이라는 이러한 운명 앞에서 체념하기를 거부합니다. 그것은 까다로운 일이긴 하지만, 삶의 부침, 삶의 굴곡에서 독립되어 있는 평정심과(이나) 기쁨을 계발할 수 있는 길을 제시합니다. 따라서 지혜는 행복과 불행 사이에 불균형이 존재한다는 공인된 사실에 대한 즉각적인 해답입니다.

사람들은 또한 쉽게 정의하고 확인할 수 있는 불행과 달리, 행복은 선험적으로 정의하기가 불가능하다고 단언합니다…

제게는, 우리의 일상 삶에서, 행복과 불행은 모두 확인하고 정의할 수 있는 것으로 보입니다. 포괄적으로 본다면, 내가 영위하는 삶을 사랑할 때, 나는 행복하고, 내가 영위하는 삶을 사랑하지 않을 때, 나는 불행합니다. 예를 들어, 마음속 깊은 곳의 욕망이 현실화될 때, 곧 사랑하는 사람을 만날 때, 아기가 태어날 때, 시험에 합격할 때, 직업적인 성공을 거둘 때에는 행복의 강렬한 순간이 존재합니다. 마찬가지로, 가까운 사람을 잃었을 때, 중병에 걸렸을 때, 직업적인 실패를 겪었을 때에는 불행의 강렬한 순간이 존재합니다…. 물론, 행복의 상대적인 성격을 강조할 수 있습니다. 그것은 문화에 따라, 개인에 따라, (그리고 각 개인에 대해서는) 삶의 국면에 따라 달라집니다. 그것은 대개 우리가 소유하고 있지 못한 것의 형태를 띱니다. 환자의 경우, 행복은 건강에 있습니다. 실업자의 경우에는 일자리에 있습니다. 이러한 상이성에 주관성의 차원이 덧붙습니다. 예술가는 예술 작품을 만들 때 행복하고, 지식인은 개념을 다룰 때, 감성적인 사람은 사랑의 관계에 있을 때 행복합니다. 프로이트는 올바르게 강조했습니다. "바로 개인의 심리적 구성이 결정적인 것이 될 것이다. 그 내면에서 에로티시즘이 우세한 인간은 타인과의 감정적 관계에 우선권을 부여할 것이다. 오히려 자신에게 만족하는 나르시시스트는 내적인 심리 현상 속에서 근본적인 만족감을 찾을 것이다. 행동하는 인간은 자신의 힘을 시험할 수 있는 외부 세계에 집착하며 머물러 있을 것이다." 이것이 모두에게 유효한 행복의 '처방'이 존재하지 않는 이유 중 하나입니다.

하지만 이러한 상대적이고 주관적인 성격 때문에 행복의 정체를 밝힐 수 없는 건 결코 아닙니다. 행복은 순간적인 유쾌한 감정(이것은 오히려 쾌락의 정의입니다) 같은 것일 뿐 아니라, 상당한 기간과 전체에 걸쳐 고려되는 존재의 상태입니다. 우리의 삶이 우리에게 전반적으로 쾌락을 마련해 주고, 우리가 다양한 열망들 사이에서 적당한 균형을 찾고, 우리의 기분과 감정들 속에서 적당한 안정성을 찾고, 우리의 삶에서 가장 중요한 영역, 곧 감정적이고, 직업적이고, 사회적이고, 영적인 영역에서 만족감을 찾았기 때문에, 우리는 우리의 삶에 대해 "행복을 느낀다" 혹은 "만족한다"고 생각합니다. 반대로, 삶이 우리에게 쾌락을 거의 선사하지 못한다면, 우리가 서로 모순적인 열망들 사이에서 고민하게 된다면, 우리의 감정이 불안정하고 전반적으로 고통스럽다면, 혹은 우리가 감정적으로나 사회적으로 실패했다는 강렬한 감정을 느낀다면, 우리는 "불행하다" 혹은 "불만족스럽다"라고 말하게 될 겁니다. 바로 상황과 상태의 **전체성**을 통해 우리는 스스로가 행복한지 아니면 불행한지를 파악하고, 또한 우리는 상당한 기간이 지나야 그 전체성을 떠올릴 수 있는 위치에 있게 됩니다. 이런 이유로, 저는 행복을 우리 존재의 전반적이고 지속적인 만족의 상태를 의식하는 것으로 정의하고자 합니다.

그런 상태는 취약하지 않을까요? 우리의 행복은 삶에서 일어나는 사건에 따라 갑자기 불행으로 변할 수 있지 않나요?

확실히 행복의 그러한 일시적이고 비영속적인 성격은 붓다와 고대의 현자들만큼이나 칸트와 비판철학자들에 의해서도 매우 잘 언급되었습니다. 그리고 바로 이 지점에서, 지혜는 행복에 새로운 의미를 부여하려고 시도합니다. 즉, 행복은 더 이상 단순히 우리가 영위하는 삶을 사랑하는 것이 아니라, 그저 삶 자체를 사랑하는 겁니다. 삶의 굴곡과 더불어, 그 호의적인 순간과 그렇지 않은 순간과 더불어, 그 기쁨과 슬픔의 운명과 더불어, 삶을 사랑한다는 겁니다. 지혜의 목적은, 행복의 예측 불가능하고 깨지기 쉬운 성격을 부정하는 일 없이, 삶의 부침을 넘어서, 외적인 사건을 넘어서, 일상의 유쾌하거나 불쾌한 감정을 넘어서, 행복을 가장 심원하고 가장 영속적인 것으로 만들려고 노력하는 것입니다. 그것은 있는 그대로의 것을 사랑하는 것입니다.

저는 지혜가 도달해야 할 이상이고 목표이지만,

어쩌면 그것은 결코 완전히 실현되지 않을 거라는 사실을 다시 한 번 강조하고 싶습니다. 그리고 궁극적으로 그런 사실은 중요하지 않습니다! 중요한 것은 그것을 향해 나아가는 것입니다. 즉, 행복해질 수 있는 **능력**을 차츰차츰 키우기 위해 자신을 상대로 작업을 하는 것입니다. 계발해야 할 것은 행복에의 경향이고, 동시에 불행에의 성향은 감소시켜야 합니다. 사실, 우리는 모두 행복해지거나 불행해지려는 어떤 경향을 지니고 있습니다. 이것이 미국의 몇몇 사회학자들이 "행복의 정률(定率)"이라고 부르는 것입니다. 이 행복의 정률은 무엇보다도, 쇼펜하우어가 이미 잘 표현했듯이, 우리의 감성에 달려 있습니다. 낙관적인 성향의 개인이 있는가 하면, 비관적인 성향의 개인이 있습니다. 기쁨을 잘 느끼는 개인이 있는가 하면, 슬픔을 잘 느끼는 개인이 있습니다.

유전적으로 정해진 기질에 더해 유년기의 영향이 있는데, 이것 또한 우리의 감성을 크게 조건 짓습니다. 어떤 사람들은 평생에 걸쳐 자신에 대한 존중감이 없을 것입니다. 왜냐하면 그들의 부모가 그들에게 그들의 가치를 깎아내리는 이미지를 보여 줬기 때문입니다. 그들은 반대로 자신과 삶에 대해 믿음을 갖고 있는 사람들보다 행복해질 수 있는 능력이 덜할 겁니다. 아리스토텔레스가 상기시켰듯이, 이런 이유로 행복은 그 큰 부분이 운에 달려 있기도 하지만(유전, 가정적 환경), 또 다른 큰 부분은 행복해지려는 우리의 능력을 향상시키기 위해 우리 자신이 수행하는 작업에 달려 있습니다. 우리에게 달려 있는 이 행복의 부분은 우리가 삶에서 취하는 선택과 우리가 우리 자신, 타인, 세계에 대해 지니고 있는 시각에 따라 변화합니다. 바로 이런 식으로, 우리는 언제나 지혜의 이상 — 지속적인 기쁨이나 평정심 — 에 한층 더 가까이 다가갈 수 있습니다. 반드시 거기에 도달하거나, 그 행복한 상태에 영원히 고정되지는 않더라도 말입니다. 비록 삶의 비극이 일시적으로 우리에게까지 미쳐 우리의 행복을 변질시킨다 하더라도, 우리는 차츰차츰 전반적으로, 지속적으로 행복해질 수 있습니다. 어쨌든 이것이 제 경험에서 나온 것입니다.

당신은 지혜가 더 이상 외적인 사건에 좌우되지 않는 만족의 상태를 추구하는 거라고 몇 번에 걸쳐 상기시켰습니다. 그러면 현자는 무슨 일이 일어나든 행복한가요?

실제로, 현자의 행복은 특히 외부 세계의 예측 불가능한 사건에 의해 더 이상 좌우되지 않고, 대신에 그의 내면세계의 조화에 좌우됩니다. 그가 행복한 것은 자신 안에서 평화나 기쁨을 발견할 줄 알았기 때문입니다. 현자는 세계를 자신의 욕망에 맞추기보다 그 자신이 변하고자 노력합니다. 바로 이런 뒤바뀜에 의해 행복이 가능해집니다. 행복의 장해물은 실재가 아니라, 우리가 그 실재에 대해 갖고 있는 표상입니다. 동일한 현실이 두 사람에 의해서 다르게 인식될 수 있습니다. 한 사람은 그것 때문에 매우 기쁘고, 다른 한 사람은 그것 때문에 불행합니다. 후자는 중병을 운명의 끔찍한 타격으로 인식할 수 있는 반면에, 전자는 현재의 고통을 넘어 거기서 반성을 하거나 자신의 삶에서 어떠어떠한 것을 고칠 기회로 보고 자신의 내적 평화를 포기하지 않을 겁니다. 피해를 당한 것에 대해 어떤 사람들이 증오, 복수의 욕망을 느낄 때, 다른 어떤 사람들은 강렬한 감정을 느끼지 않을 겁니다. 스토아학파의 현자 에픽테토스는 다음과 같이 강조합니다. "네가 잘못을 범하도록 하는 것은 누군가가 너를 모욕하거나 때린다는 사실이 아니라, 누군가가 네게 잘못을 범하고 있다고 네가 갖고 있는 견해라는 걸 기억하라. 따라서 만일 누군가가 너를 화나게 만들었다면, 네 화의 책임자는 너 자신의 판단이라는 걸 알아라."

이것은 수피교[이슬람교의 신비주의 계파: 옮긴이]에서 전해 내려오는 이야기가 아주 잘 보여 주는 것입니다. 한 이방인이 자신이 알지 못하는 어떤 도시에 도착합니다. 그는 도시 입구의 성문에 앉아 있는 노인을 보고 그에게 질문을 합니다. "어르신, 이곳 사람들이 어떤지 제게 말씀해 주시겠습니까? 친절한가요, 심술궂은가요?" 그 노인은 그에게 반문합니다. "이방인이여, 당신이 떠나온 도시의 사람들은 어떻습니까?" 이방인은 주저하지 않고 대답합니다. "매우 불쾌합니다. 바로 그 이유 때문에 제가 떠나왔습니다!" 노인은 그의 눈을 똑바로 바라보면서 말합니다. "어, 그러면, 여기도 비슷합니다." 분개한 그 이방인은 투덜거리며 다시 떠납니다. "이런 불운이 있나! 내가 가는 곳마다 심술궂은 사람들뿐이라니." 잠시 후 다른 이방인이 나타나 노인에게 같은 질문을 하자, 노인은 다시 묻습니다. "당신이 떠나온 도시의 사람들은 어떻습니까?" 이번에 이방인은 "매우 친절합니다"라고 답합니다. 그러자 노인이 답합니다. "어, 그러면, 여기도 비슷합니다." 옆에서 모든 대화를 들은 낙타 상인이 노인에게 말합니다. "당신은 거짓말쟁이입니다! 어떻게 당신은 한 사람에게는 이 도시의 모든 사람들이 심술궂다고 말하고, 다른 사람에게는 이 도시의 사람들이 친절하다고 말할 수 있습니까?" 노인은 재미있다는 표정을 하고서 그를 바라봅니다. "보시오, 내가 한 말은 전혀 중요하지 않습니다. 왜냐하면 우리 각자는 자기 안에 나름의 세계를 지니고 다니기 때문입니다. 어딘가에서 불행한 사람은 다른 어디를 가도 불행할 겁니다. 그리고 어딘가에서 행복한 사람은 다른 어디를 가도 행복할 겁니다."

삶에 대해 "예"라고 말하기

비록 드물기는 하지만, 저는 이런 사람들을 알고 있습니다. 그들은 실제로 항상 만족해하고, 결코 불평을 하지 않고, 언제나 현실의 좋은 면만 봅니다. 그리고 가까운 이가 병이나 시련을 겪을 때 찾아가 위로를 하는 것도 심지어 그들입니다. 이들이 당신이 의미하는 현자인가요?

틀림없이 그럴 겁니다. 어떤 이들은 본래 그러한 지혜를 지니고 있습니다. 말하자면 지혜가 그들의 기질에 새겨져 있는 겁니다. 천성적으로 마음이 넓고, 낙관적이고, 믿음이 강하고, 기뻐하기를 잘 하는 사람들이 있습니다. 이것은 커다란 행운입니다. 왜냐하면 선하고 행복한 삶을 사는 데 요구되는 자질을 갖추었기 때문입니다. 그리고 이런 사람들은 주위 사람들에게 많은 선을 베풉니다. 하지만 대다수의 개인은 이런 행운을 갖고 있지 못합니다. 이런 사람들에게 지혜는 소중한 나침반입니다. 그것은 방향을 가리키고, 더 좋아지고 행복해지기 위한 도구이기 때문입니다. 지혜는 우리에게 삶이나 다른 사람에 대한 비난을 멈추도록 하고, 우리가 자신이나 세계에 대해 지니고 있는 그림을 바꾸면, 우리 괴로움의 대부분은 피할 수 있다는 걸 이해하면서 삶을 떠맡도록 합니다. 저는 "괴로움"이라고 말하지, "고통"이라고 말하지 않습니다. 왜냐하면 고통은 보편적이며 피할 수 없는 것이기 때문입니다. 그런데 육체적이거나 정신적인 고통에 분노, 슬픔, 증오, 원한, 거부, 부정, 불평이 덧붙을 때, 우리가 느끼는 그 객관적인 고통에 심리적이고 영적인 괴로움이 덧붙습니다. 만일 고통이 피할 수 없는 것이라면, 괴로움은 우리의 마음과 정신을 자발적이고 긍정적인 방향으로 돌리면서 피할 수 있는 것입니다. 지혜란 더 이상 고통을 겪지 않는 것이 아니라, 그것을 평정심으로 바꾸는 것입니다.

어떻게 하면 그런 상태에 이를 수 있을까요?

많은 방법이 있는 건 아닙니다. 오직 삶에 대해 "예"라고 말하는 것, 즉 삶을 사랑하고, 우리가 원하는 대로의 현실이 아니라 있는 그대로의 현실을 받아들이는 것이 그 방법입니다. 이것은 삶에 대한 무조건적인 사랑을 전제하는 수용의 길, 동의의 길입니다. 몽테뉴는 말했습니다. "나로 말하면, 삶을 사랑한다." 이런 태도는 모든 지혜로, 그리고 어떤 일이 일어나건 간에, 지속적이고 깊이 있게 행복한 모든 삶으로 이어지는 문입니다. 지혜는 작은 구름 위나, 모든 일이 잘 이뤄지는 세계에서 사는 것이 아닙니다. (그리고 그런 세계는 존재하지 않습니다.) 지혜는 비극을 행복에로 통합시키는 것입니다. 그 굴곡과 더불어, 그 유쾌한 순간과 불쾌한 순간과 더불어, 그 기쁨과 아픔과 더불어, 삶을 수용하고 사랑하는 것입니다. 그 어려움과 시련의 운명과 더불어 삶 전체를 사랑하는 것입니다.

하지만 모든 것에 대해 "예"라고 말하는 것, 발생하는 모든 일을 받아들이는 것은 운명론자의 태도가 아닐까요? 이는 자신들에게 일어나는 일을 "신의 의지이기 때문에" 체념한 채 받아들이는 사람들을 떠올리게 합니다.

우선적으로 듣기에는 당신이 옳은 듯 보입니다. 지혜는 종교적 운명론자의 태도와 혼동될 수 있습니다. 하지만 둘 사이에는 근본적인 차이가 존재합니다. 에픽테토스의 말에 따르면, 지혜는 우리에 의해 좌우되는 것과 그렇지 않은 것을 구분하도록 합니다. 어떤 사건, 예를 들어 중병에 걸렸을 때, 이는 우리가 선택하지 않은 일이지만, 한편으로는 우리를 치료하기 위해 노력하고, 다른 한편으로는 우리가 쓰러져 죽도록 방임하는 대신에 가능한 가장 나은 방법으로 이 시련에 대처하고자 애쓰는 일은 우리에게 달려 있습니다. 따라서 우리는 불가피한 일을 부정하기보다는 오히려 그것을 수용하는 것으로 시작합니다. 그 불가피한 일 ─ 우리는 병에 걸립니다 ─ 은 우리가 좌우할 수 있는 것이 아닙니다. 이어서 우리는 우리가 좌우할 수 있는 것에 따라 행동하려고 노력합니다. 즉, 좋은 약을 찾고 가능한 긍정적으로 상황에 대처합니다. 끝으로, 우리가 모든 노력에도 불구하고 낫지 않는다면, 그때는 다시금 우리가 피할 수 없는 불가피한 일, 곧 만성병이나 죽음을 받아들여야 할 겁니다. 지혜는 존재하는 것, 변화시킬 수 없는 것을 수용하도록 우리에게 제안하지만, 또한 변화될 수 있는 것, 곧 우리의 내면성(우리의 감정과 사고)만큼이나 우리의 환경(낫기 위한 치료 방법을 찾는 것)에 근거해 행동할 것도 제안하고 있습니다. 이러한 근본적인 특징은 종교적 운명론과는 다릅니다. 종교적 운명론은 대개 일어나는 모든 일을 좋다고 여기고 또한 이따금씩 현실의 질서를 바꾸길 원하지 않도록 만듭니다. 저는 인도를 처음 여행할 때 캘커타의 길거리에서 다른 사람들의 무관심 속에 어떤 사람들이 죽어 가는 것을 보고 경악했습니다. 저는 이러한 무관심의 태도가 인도인의 종교적 믿음과 연관이 있다는 걸 알게 됐습니다. 그 믿음이란, 이생에서 일어나는 일은 우리의 전생의 산물이고, 우리 삶의 흐름이나 세계의 흐름을 바꾸기 위해 애를 써도 아무런 소용도 없다는 것입니다. 만일 어떤 인간이 불행하게 죽는다면, 그것은 그가 당연히 받아야 할 일 때문이고, 그를 돕는 것은 헛된 일입니다. 이런 운명론에 분개한 저는 '(테레사 수녀의) 자선선교단'에 자원봉사자로 가입한 다음, 길거리에서 죽어 가는 사람들을 모아 치료소에 데리고 가서 마지막 숨을 거둘 때까지 그들과 함께했습니다. 우리가 어떤 사람을 돕거나, 누군가의 괴로움을 덜어 주거나, 불의와 싸울 수 있을 때에는 지혜가 그렇게 하도록 우리를 독려합니다. 왜냐하면 지혜는 모든 덕목 중에서 사랑과 자비와 정의를 가장 중요시하기 때문입니다.

우리의 의지에 달려 있는 일을 합시다. 우리의 건강과 안녕을 유지하기 위해, 도덕적이고 영적인 측면에서 우리를 개선하기 위해, 더 나은 세상을 만드는 데 참여하기 위해 행동합시다. 하지만 우리가 아무 일도 할 수 없을 때, 우리가 영향을 미칠 수 없는 어떤 힘과 대면하게 될 때, 부정하거나 억압하기보다는, 혹은 원한, 분노, 절망, 불만에 가득 차기보다는 기쁜 마음으로 있는 그대로를 수용하는 것이 더 낫습니다. 비록 고통이 따를지라도, 우리의 마음과 정신은 평화로운 채로 남아 있을 것입니다.

에픽테토스가 두 마리의 소가 끄는 수레에 묶여 있는 개의 메타포를 통해 설명하고 있는 내용이 이 것입니다(두 마리의 소는 운명의 힘을 상징합니다). 개는 오른쪽으로 돌고 싶은데 수레가 왼쪽으로 돌 때, 개 는 소들의 힘에 저항할 수 없습니다. 개는 소들의 움직임에 따르면서, 즉 그것들의 의지에다 자신의 의지를 동화시키면서 소들을 따라가든가, 아니면 저항을 하며 자신의 의지에도 불구하고 가장 비참 한 괴로움 속에서 끌려가는 방법밖에 없습니다.

비록 제가 지혜의 수용과 운명론자의 종교적 수용을 구분하고 또 그것을 이해한다고 해도, 삶에 대해 "예"라고 말할 수 있기 위해서는 신이나 영혼의 불멸을 믿는 것이 더 나은 듯 보입니다. 왜냐하면 그때 우리는 시련이 어떤 의미가 있다거나 저세상에서 행복해질 거라고 생각하며 끔찍한 시련을 수용할 수 있기 때문입니다.

죽음 이후의 삶에 대한 믿음이 삶의 시련을 극복하는 데 큰 도움을 준다는 건 확실합니다. 그러한 믿음은 신자에게 죽음 — 특히 친구의 죽음 — 을 포함해 자신에게 일어나고 있는 일이 모든 것의 끝이 아니고 또한 그 일에 의미를 부여할 수 있다는 희망과 감정을 줍니다. 영성을 탐구하는 동양의 어떤 사람들은 우리의 영혼이 불멸하며, 지복의 상태 — 이는 언어로 정의할 수 없습니다 — 로 간주되는 궁극적인 자유에 이를 때까지 환생한다고 주장합니다. 일신교의 신자는 신 곁에서 영생할 수 있다는 것에 희망을 품습니다. 스토아학파도 우리의 정신은 불멸한다고 생각하고 있고, 소크라테스는 내세에 자신의 영혼이 공정한 사람들의 영혼 사이에서 행복하게 살게 될 거라고 확신을 했기 때문에 독당근으로 만든 죽음의 독배를 마실 수 있었습니다. 따라서, 예, 영혼의 불멸에 대한 믿음이 이승의 고통을 견디는 데 강력하고 결정적인 도움이 된다는 건 명백합니다. 비록 제가 우리 육체의 죽음 이후에 일어나는 일에 관해 어떤 확신도 없더라도, 저는 우리의 정신이 불멸한다는 확신을 공유하고 있습니다. 이 때문에 저는 제게 소중한 사람의 죽음을 견디는 데 큰 도움을 받았습니다. 왜냐하면 저는 마음속 깊은 곳에서 그들의 삶의 길이 다른 차원에서 지속되고 있다는 내밀한 확신을 갖고 있기 때문입니다. 저는 이 확신을 어떤 특정한 종교적 믿음과도 연관시키고 있지 않습니다. 그것은 언제나 제 마음 깊은 곳에 자명한 이치처럼 새겨져 있습니다. 마찬가지로, 다른 어떤 사람들에게는 죽음 이후에 아무것도 없다는 것이 항상 명백한 것입니다. 저는 다음과 같은 질문을 받는 인도인들과 다소 비슷한 생각입니다. "죽음의 반대는 무엇입니까?" 그러면 인도인들은 자연스럽게 대답합니다. "탄생입니다." 거의 모든 서구인들이 "삶"이라고 대답할 부분에서 그런 대답을 합니다. 저는 삶과 죽음을 대립시키지는 않지만, 탄생과 죽음이 삶의 핵심적인 두 순간, 곧 영혼의 삶이 이행을 하는 두 순간이라고 생각합니다. 영혼의 삶은 우리가 지상에 태어나기도 전에 시작되었다가, 우리의 육체가 사라진 이후에도 계속 될 겁니다…. 다만 저는 그것이 어디로 가는지는 모릅니다.

그런데 존재하는 것 모두를 수용하는 그런 태도, 삶에 대해 "예"라고 말하기는 유물론적이고 무신론적인 지혜의 범위 내에서 표현될 수도 있습니다. 에피쿠로스, 그리고 루크레티우스 같은 그의 주요한 제자들은 신도, 영혼의 불멸도 믿지 않습니다. 그럼에도 그들은 영혼의 평화를 유지하기 위해, 피할 수 없는 것을 기쁜 마음으로 수용하는 태도를 찬양합니다. 어떤 면에서, 이것은 우리가 불가지론적 사상가라고 말할 수 있는 몽테뉴의 태도이기도 하고, 심지어 확고한 무신론자였던 니체의 태도이기도 합니다. 고대인들처럼, 니체는 존재하는 모든 것에 기뻐하며 수용하는 것을 예외 없이 찬양합니다. 그는 우리로 하여금 "예"라고 대답하라고, 운명을 사랑하라(아모르파티amor fati)고 권합니다. 그에게 있어, 행복과 불행은 삶의 부분이고, 만일 우리가 충만하게, 옹졸하지 않게 살기를 원한다면, 우리는 삶에서 모든 것을, 곧 기쁨과 아픔, 즐거움과 고통을 모두 수용해야 합니다. 그는 우리로 하여금 음악을 사랑하듯이 삶을 사랑하라고 권합니다. 우리는 소리와 침묵을 번갈아 반복하기 때문에 음악 작품을 감상합니다. 고양되고 기쁜 순간이 있는가 하면(알레그로), 보다 느리고 슬픈 순간이 있습니다(아다지오). 혹은 음정이 매우 조화로운 부분이 있는가 하면, 불협화음이 더 두드러진 부분이 있습니다. 바로 기쁜 순간과 고통스러운 순간, 빛을 발하는 순간과 혼란스러운 순간의 대비가 삶의 아름다움을 만듭니다. "인간 속에 있는 위대한 것에 대한 나의 간결한 표현은 운명애이다. 앞으로도, 뒤로도, 영원히, 존재하는 것 이외에는 다른 아무것도 원하지 않기. 불가피한 것을 견뎌 내는 것만으로 만족하지 않기, 하물며 그것을 스스로에게 숨기지 않기, [⋯] 하지만 그것을 사랑하기⋯." 지혜는, 정신의 불멸성을 믿건 그렇지 않건 간에, 행복과 불행을 대립시키기보다는 화해시킵니다.

저는 커다란 시련과 대면하고 있지 않을 때에
는 존재하는 것을 수용하고 삶을 사랑하는 것이
가능한 것처럼 보입니다. 그런데 뤽 페리가 질문
하는 것처럼, 우리가 고문당하고 있을 때 어떻게
삶을 사랑할 수 있나요?

  이런 예는 극단적이고 또한 극소수의 사람들이 이런 유형의 비참한 경험을 겪어야 할 테지만, 실제로는 이 문제를 정면으로 바라볼 필요가 있습니다. 왜냐하면 이 예는 논증을 끝까지 밀고 가, 논증이 비판을 견뎌 낼 수 있는지, 그리고 어떻게 견뎌 낼 수 있는지 보도록 하기 때문입니다. 제가 조금 전에 언급한 것처럼, 삶에 대해 "예"라고 말하는 것은 전체적으로 이해되어야 합니다. 즉, 그것은 삶의 모든 색깔, 모든 색조, 모든 대비와 더불어 삶을 사랑하는 것입니다. 만일 우리가 확고하게 이런 시각을 갖고 있다면, 그때는, 고문과 같은 끔찍한 시련이 발생할 때, 우리는 그 시련을 다르게 보게 될 것입니다. 그 시련을 사랑하고 고통을 즐겨야 하는 것이 아니라, 아무리 아픔이 심할지라도, 고통을 전체의 일부분에 속하는 것으로 바라봐야 합니다. 우리는 합체 (ensemble)에, 우리 삶의 전체성(éntièreté)에 "예"라고 말합니다. 따라서 우리가 그것을 피하길 원했다 하더라도, 이런 체형(體刑)에도 "예"라고 말합니다. 예수가 그의 수난 직후에 감람산에서 죽어갈 때, 사람들은 우리에게 예수가 피를 흘리며 고통 받고 있다고, 또한 그가 신에게 이 고난을 피해 갈 수 있도록 간청한다고 전합니다. 이어서 예수는 생각을 바꾸어 말합니다. "나의 의지가 아니라, 아버지의 의지입니다." 그는 고통을 겪으며 죽을 생각이 전혀 없었지만, 자신의 운명에 대해 "예"라고 말합니다. 이것이 운명애입니다. 고통에도 불구하고, 궁극적으로는 내적 평화가 괴로움의 우위에 서게 됩니다.

저는 네덜란드의 젊은 여인 에티 힐레숨이 아우슈비츠로 강제 이송되어 죽기 직전에 머물렀던 베스터보르크 강제수용소에서 쓴 편지를 보고 많은 사람들처럼 크게 동요되었습니다. 그녀는 고문하는 사람들이 자신의 내적 평화와 기쁨을 침범하지 못할 거라고 확신 있게 말하고 있습니다. 그 이유는 다음과 같습니다. "삶과 죽음, 괴로움과 기쁨, 멍든 다리의 물집, 집 뒤편의 자스민, 박해, 이루 말할 수 없는 잔혹성, 모든 것, 모든 것이 내 안에 있고 강력한 전체를 형성하고 있습니다. 저는 그 모든 것을 나눌 수 없는 총체인 것처럼 받아들이고 있습니다." 저는 앞에서 지혜에 대해 아마도 이를 수 없는 이상일 거라고 말했습니다. 에티 힐레숨의 증언은 이따금씩 거기에 이를 수 있다는 걸 보여 줍니다. 저는 이 증언을 저의 책 『행복을 철학하다』에서 인용했는데, 제 친구 뤽 페리는 에티 힐레숨이 '정신 질환자'였다고 제게 말했습니다. 저는 정반대로 그녀가 완벽한 명철함을 지니고, 또한 참을 수 없는 것을 참도록 만든 지혜와 사랑의 시각으로, 현실을, 현실 전체를 받아들였다고 생각합니다.

다시 한 번 언급하지만, 행복은 고통과 대립하지 않습니다. 누군가는 커다란 고통을 겪으면서도 마음의 평정을 유지할 수 있고, 심지어 기쁨도 경험할 수 있습니다. 고통 속에서 출산하는 여인은 동시에 아이에게 생명을 준다는 기쁨을 경험할 수 있습니다. 모든 것이 시각의 문제입니다. 자신의 시각을 확대하면서, 삶을 전체적으로, 혹은 에티가 매우 잘 말한 방식대로 "나눌 수 없는 총체인 것처럼" 바라보면서, 고통을 초월하는 일이 가능합니다. 에티는 에픽테토스와 불교의 현자들에 이어, 구체적으로 다음과 같이 말합니다. "커다란 장해는 언제나 표상이지 실재가 아닙니다."

자기로 남아 있는 것과
세계와 조화를 이루는 것

저는 앞선 대화들 이후로 추구하는 목표에 관해서 잘 이해하고 있습니다. 이제는 길[방법]에 관해서 이야기해 주세요. 어떻게 하면 그런 깊고 지속적인 행복에 이를 수 있을까요?

소크라테스가 상기시키듯이, 지혜의 길은 자기를 아는 것에서부터 시작합니다. 당신에게 질문을 해 보세요. 나는 누구인가? 단지 생물학적 정체성이나 가족적 정체성이 문제되는 것이 아닙니다. 당신은 인간입니다, 당신은 …라고 불립니다, 당신은 …의 아들이거나 딸입니다. 문화적 정체성만 문제되는 것도 아닙니다. 당신은 프랑스인, 브르타뉴인, 코르시카인, 바스크인… 입니다. 심지어 사회적 정체성도 문제되는 것이 아닙니다. 당신은 어떠어떠한 일을 하고 있고, 어떠어떠한 명성을 지니고 있습니다. 아닙니다, 당신의 심원한 정체성에 관해 질문을 해 보세요. 앞선 모든 정체성을 넘어, 너는 누구인가? 너의 진정한 본성은 무엇인가? 너는 무엇을 열망하는가? 그러면 당신은 다른 사람들이 당신에 대해 갖고 있는 이미지나 당신이 다른 사람에게 보이려는 이미지 그리고 당신의 진정한 존재 사이에 차이가 있을 수 있다는 것을 발견하게 될 겁니다. 당신이 완전히 당신 자신은 아니라는 것을 발견하게 될 겁니다. 당신이 하는 일이 당신의 부모가 당신에게 원했던 것이라는 사실, 혹은 당신이 경제적 안정을 얻기 위해 할 수 없이 선택한 것이라는 사실을 발견하게 될 겁니다. 다른 사람을 기쁘게 하고 사랑과 인정을 받기 위한 당신의 감정적인 삶 속에서 당신은 당신 자신이 아니라는 것을 발견하게 될 겁니다. 혹은 당신이 누구인지 정말로 모른다는 것을, 당신이 삶에 만족하지 않는다는 것을, 그런데 당신의 자아를 완전히 실현하기 위해 어떻게 해야 할지, 어디로 가야 할지 모르고 있다는 것을 발견하게 될 겁니다. 이 질문들은 근본적입니다. 어떤 지혜의 길도 '거짓 자아'의 토대 위에서, 자기와 그리고 자기의 본성과 진정한 열망을 모르는 상태에서 추구될 수 없기 때문입니다.

좋습니다. 하지만 자신을 아는 법을 어떻게 배울
수 있을까요?

　자기 성찰의 작업, 즉 당신의 감정, 당신의 생각, 당
신의 말, 당신의 행동, 당신의 감정적 반응, 당신의 욕
망, 당신의 혐오를 세세하게 관찰하는 작업을 통해서
그렇게 할 수 있습니다. 바뤼흐 스피노자는 모든 시대
를 통해 가장 위대한 철학자 중 한 사람일 뿐 아니라,
심층 심리학의 선구자이기도 합니다. 그는 자신의 책
『에티카』에서 어떤 살아 있는 유기체든 자신의 존재
를 유지하고 성장하기 위해 노력한다고 설명하고 있
습니다. 그리고 그는 우리가 행동 능력을 증대시킬 때
마다, 우리의 독특한 본성에 따라 우리를 완성할 때
마다, 우리는 기쁨을 경험한다는 걸 확인했습니다. 역
으로, 우리의 행동 능력이 감소할 때마다, 우리 내면
의 존재에 따라 행동하지 못할 때마다, 우리는 슬픔을
경험합니다. 따라서 기쁨과 슬픔은 우리가 우리 자신
인지 아닌지, 우리가 성장을 하는지 왜소해지는지, 우
리가 우리의 독특한 본성을 완성하는 길 위에 있는지,
아니면 우리를 우리 자신과 우리의 진정한 행복으로

부터 멀어지게 하는 잘못된 길 위에 있는지를 알게 해
주는 두 가지 근본적인 감정입니다.

제가 잘 이해하고 있는 거라면, 기쁨과 슬픔은 내가 내 자신인지 그리고 내 삶의 방향이 깊고 지속적인 행복에 도달하는 쪽으로 올바르게 설정되어 있는지를 가리키는 두 개의 나침반 같은 것인가요?

예. 그런데 기억해야 할 두 가지 중요한 세부 사항이 있습니다. 스피노자는 모든 감정은 생각과 관념과 연관이 있다는 사실에서 출발해, 우리가 거짓 기쁨, 즉 그가 "수동적인 기쁨"이라고 부르는 것을 가질 수 있다고 설명합니다. 그것은 "적절하지 않은," 잘못된 생각과 연관된 기쁨입니다. 그는 이러한 기쁨은 항상 슬픔으로 변하게 된다고 말합니다. 가장 흔한 예가 사랑의 열정입니다. 우리는 정열적인 사랑을 나눌 사람을 만났다는 사실에서 강렬한 기쁨을 느낍니다. 이어서, 시간이 흐르면서, 우리는 환상 속에 있었고, 상대방은 그가 주장하는 대로의 사람이 아니거나 우리가 보기를 원하는 사람이 아니라고 생각하게 되고, 기쁜 열정은 슬픈 열정으로 변하게 됩니다. 사랑은 심지어 증오로 변하기도 합니다.

역으로, "능동적인" 기쁨은 "적절한" 생각과 연관된 기쁨입니다. 알다시피 생각이 진리에 토대해 있고 우리의 사랑 혹은 욕망의 대상이 진정으로 우리의 독특한 본성과 조화를 이루기 때문에, 거기서 파생하는 기쁨은 깊고 지속적입니다. 따라서 우리는 수동적인 기쁨과 능동적인 기쁨을 구분하는 법을 배워야 하고, 이를 위해서는 자신에 대한 세밀한 관찰과 진정한 명철함이 요구됩니다. 이는 적절한 사고를 발달시키기 위한 것입니다.

슬픔도 구분을 해야 합니다. 타당하고, 피하려고 노력할 필요가 없는 슬픔이 있습니다. 예를 들어, 가까운 이를 잃은 것과 연관된 슬픔이 그것입니다. 스피노자가 말하는 슬픔은 우리의 욕망을 잘못된 곳으로 이끌었다는 사실과 잘못된 생각에서 연유합니다. 나는 내게 이롭지 않은 사람을 사랑하기 때문에, 혹은 내게 맞지 않는 일을 하기 때문에, 혹은 잘못된 신앙이나 생각에 집착하기 때문에 슬픕니다. 이성이 경험과 내적 성찰을 통해 우리에게 잘못된 생각을 교정하도록, 우리의 욕망이 우리를 성장시키도록, 따라서 우리가 기쁨을 경험할 수 있도록 만드는 일이나 사람에게로 향하도록 도와주어야 합니다. 그 일과 사람이 우리의 진정한 본성과 잘 어울리기 때문입니다. 스피노자에게 있어, 삶의 모든 것은 잘된 만남 혹은 잘못된 만남의 문제입니다. 우리의 진정한 존재와 잘 어울리지 않는 잘못된 만남은 언젠가는 우리로 하여금 슬픔에 빠지도록 만드는 반면에, 우리의 독특한 본성과 어울리는 잘된 만남은 우리를 기쁘게 만듭니다. 이 만남은 생각, 신앙, 사람, 음식 등을 대상으로 이루어질 수 있습니다. 자신을 알아 가면서, 우리는 우리에게 좋은 것과 그렇지 않은 것, 우리에게 어울리는 것과 그렇지 않은 것, 우리의 육체와 영혼의 건강에 이로운 것과 독이 되는 것을 발견하는 법을 배우게 됩니다.

이런 이유로, 자기가 된다는 것은 세계와 조화를 잘 이루도록 만들어 줍니다. 악기와 다소 비슷합니다. 만일 악기가 잘 조율되었다면, 그리고 올바르게 소리를 낸다면, 그 악기는 오케스트라 속에서 자신의 자리를 잡아 다른 악기들과 조화를 이룰 수 있을 겁니다. 기쁨은 이런 식으로 우리가 진정으로 우리 자신이라는 사실로부터, 우리가 우주, 삶, 사회에서 우리의 올바른 자리에 있다는 사실로부터 옵니다. 그리스어 eudaimôn('행복한')이 이런 내용을 간단히 말해 줍니다. eu는 '조화로운'의 뜻을, daimôn 은 '영(靈), 신성(神性)'의 뜻을 지니고 있습니다. 즉, 우리의 좋은 영이나, 우리 안에 있는 신성한 부분과 조화를 이룬다는 것입니다. 저는 우리 내면의 존재와 우주가 함께 진동하는 것이라고 말하고 싶습니다. 현자는 자신을 세계와 완벽하게 조화를 이루는 사람입니다. 그는 자신의 악보를 연주합니다. 이렇게 완벽한 조화를 이룬다는 사실 때문에, 그의 음악은 아름답고 심금을 울립니다.

스피노자의 말은 저에게 니체의 유명한 금언을 떠올리게 합니다. "본래의 너가 되어라!" 또한 정신분석도 떠올리게 하는데, 정신분석은 자기를 알고자 하는 명철한 노력을 통해 우리의 거짓된 정체성을 해체하고 나 자신이 되도록 우리를 이끕니다.

니체는 그 표현을 고대의 시인 핀다로스에게서 차용했고, 또한 그는 스피노자의 근면한 독자였습니다. 그는 『에티카』를 읽은 직후에 그의 철학에 등장하는 모든 위대한 직관을 갖게 되었습니다. 프로이트의 경우, 그는 스피노자를 정신분석의 진정한 개척자처럼 인식하고 있습니다. 비록 스피노자가 "무의식"이라는 단어를 결코 사용하지 않았더라도 말입니다. 하지만 그 단어를 사용하지 않으면서도, 스피노자는 무의식의 작동 방식을 대부분 완벽하게 서술하고 있고, 우리는 그런 사실을 의식하지 못한 채 우리의 정동 — 우리의 욕망, 감정, 기분 — 에 따라 완전히 변화한다고 주장하고 있습니다. 저는 자유의 문제를 다룰 때 이 주제로 다시 돌아올 겁니다. 그런데 저는 자기를 안다는 주제에 머물기 위해, 카를 구스타프 융이 발전시킨 것과 같은 '개성화[개인화] 과정'을 언급하고 싶습니다.

신화와 (성배의 추구와 같은 위대한 추구를 주제로 한) 전설에서 영감을 받은 융은 우리의 삶이 입문자의 길과 비슷하다는 걸 보여 줍니다. 우리는 '자기'를 실현하는 것, 곧 우리의 심리적이고 사회적인 조건화를 넘어 독자적인 한 개인이 되는 것을 추구합니다. '자기'실현을 향한 길은 삶이 우리에게 제안하는 모든 경험들로 구성되어 있습니다. 융은 이러한 통과의례를 두고 개성화 과정이라고 부릅니다. 이 길은 명백히 장해물로 가득합니다. 신화의 주인공이나 아서왕 전설의 기사들처럼, 우리는 이 장해물을 넘어서야 하는데, 여기서 중요한 것이 그림자, 그러니까 우리가 보고 싶어 하지 않는 우리 자신의 무의식적이고 어두운 부분을 통과하는 것입니다. 우리의 무의식에 파묻혀 있는 몇몇 내용물을 의식의 빛 앞으로 가져오는 길은 위험한 모험으로 드러납니다. 이 모험은 대개 외부의 도움, 곧 분석가의 도움을 필요로 합니다. 그런데 전통적인 지혜에서는 이 도움이 영적인 스승에게서 올 수 있습니다. 그는 힌두교, 불교, 기독교, 수피교의 영적인 큰 흐름에 있는 핵심적인 인물일 수 있습니다. 분석가나 영적인 스승은 이미 그림자에서 빛에 이르는 길을 끝까지 걸어온 사람으로, 우리를 이끌거나 지지하거나 격려할 수 있는 안내자입니다. '자기' 실현이라는 입문자의 길을 걷는 데 의지하고 싶은 사람을 선택하기 위해 큰 분별력이 필요하다는 것은 매우 명백한 일입니다.

좋은 치료사나 진정한 영적 스승을 구분할 수 있는 기준은 무엇인가요?

그 두 가지 경우에, 제게는 세 가지 기준이 핵심적인 것으로 보입니다. 곧 경험, 선의, 공평함이 그것입니다. 안내자는 (그가 심리 상담사이건, 구도자이건 간에) 자신이 가르치는 것을 경험했어야만 합니다. 이런 사실로 인해 안내자는 스스로 입문자의 여행을 하면서 다른 사람을 동반할 수 있게 될 겁니다. 이어서 그는 선의를 가진 사람이어야 합니다. 즉, 자신이 동반하는 사람에게 좋은 것을 바라야 합니다. 이런 태도는 환자나 제자가 가능한 한 가장 자율적이기를 바라는 마음에 의해 구체화됩니다. 이것은 의식적으로나 무의식적으로 다른 사람을 차츰 자신에게 종속시키는 광신적인 스승이나 타락한 치료사의 경우와는 반대되는 것입니다. 선의는 또한 공평한 태도로 이어집니다. 돈이 안내자의 주요한 관심사가 되어선 안 됩니다. 치료를 할 때 금전적인 대가를 지불하는 건 정상적인 일이지만, 그 지불 금액은 상식적인 선을 넘어서는 안 됩니다. 처음에 매우 높은 금액을 요구하거나, 치료가 진행될수록 차츰 많은 금액을 요구하는 치료사는 피해야 합니다. 영적인 전통에서는, 누군가가 누군가를 동반할 때, 일반적으로 도움을 금전으로 수치화하는 일은 없습니다.

그런데 우리가 정신의 가장 어두운 영역을 통과하길 바랄 때, 안내자의 지지가 매우 유용한 것으로 드러날 수도 있습니다. 하지만 소크라테스, 몽테뉴, 스피노자를 따라서, 우리는 우리를 알아 가는 길과 우리에게 적합한 것, 우리에게 공정한 것, 능동적인 기쁨을 주는 것을 발견하는 길의 핵심적인 부분을 혼자서 갈 수도 있습니다. 그리고 삶을 하나의 예술 작품으로 만들고자 노력하는 것이 관건입니다.

인간적 탁월성:
사랑과 미덕

당신은 대화 초반부에 지혜가 우리를 좋고 행복한 삶으로 데려가 줄 거라고 말했습니다. 당신은 행복에 대해서는 이미 많은 말을 했지만, 좋은 삶에 대해서는 거의 아무런 말도 하지 않았습니다. 행복한 삶과 좋은 삶의 차이는 무엇인가요?

소크라테스는 행복한 삶과 좋은 삶 — 선을 따라 사는 삶 — 을 근본적으로 구분하고 있습니다. 우리는 다른 사람들을 신경 쓰지 않고서도, 아니 심지어 부당한 일을 하면서도, 이기적인 행복을 추구할 수 있습니다. 우리는 모두 "대홍수는 내가 죽은 다음에!"라고 생각하며 사는 개인들을 알고 있습니다. 그들은 그들 자신이나 그들의 집단밖에는 생각하지 않으며, 공동선은 전혀 고려하지 않습니다. 하지만 저는 그들이 깊은 차원에서 행복할 수 있을 거라고 생각하지 않습니다. 왜냐하면 가장 깊은 차원의 행복이란 사랑, 이타주의, 다른 사람들과의 올바른 관계와 연관되기 때문입니다. 어쨌든 그들은 선을 따라 살기를 열망하지 않으면서도 행복을 열망합니

다. 그들의 삶은 좋지는 않더라도 그럭저럭 행복할
수는 있습니다. 그런데 지혜는 행복한 동시에 좋은
삶에로 우리를 이끕니다. 행복한 것은 지혜가 우리
에게 우리의 독특한 본성에 따라 우리를 완성하도
록 고무하기 때문이고, 좋은 것은 지혜가 다른 사람
들을 고려하고, 그들을 존중하며, 선을 따라 살도록
우리를 가르치기 때문입니다.

선을 따라서 산다는 것은 다른 사람들을 사랑한다는 걸 의미하나요?

그렇기도 하고 그렇지 않기도 합니다! 사랑은 지혜의 정점입니다. 왜냐하면 우리가 사랑을 하거나 사랑이 우리를 안내할 때, 우리는 어떤 것도, 어떤 법도 그렇게 하도록 강제하지 않았는 데도 선을 원하고 행하기 때문입니다. 그런데 우리는 또한 도덕적인 배려에서 다른 사람을 존중하고 선을 실천합니다. 따라서 우리는 사랑이나 덕에 따라 행동할 수 있습니다. 이런 사랑은 매우 다양할 수 있습니다. 그것은 욕망하는 사랑(그리스어로 에로스eros)이 될 수도 있고, 우정의 사랑(필리아philia)이 될 수도 있고, 완전히 무사무욕한 보편적 사랑(아가페agapé)이 될 수도 있습니다. 욕망하는 사랑은 매우 모호합니다. 극단적인 경우에는, 사랑의 열정에 의해, 상대방을 위해 우리의 생명을 바치거나, 아니면 그를 죽이도록 만들기 때문입니다! 우정의 사랑(이것은 친구 사이의 관계를 포함하는 동시에 한 커플을 맺어 주는 관계 혹은 자식에 대한 부모의 사랑을 포함합니다)은 훨씬 더 깊고 영적입니다. 우리는 우리가 선택하거나 욕망한 사람들, 곧 우리의 배우자, 우리의 아이, 우리의 친구에 대해 자비심을 갖습니다. 우리는 그들을 사랑하기 때문에 그들의 선을 바랍니다. 끝으로, 보편적인 사랑(저는 너무 함축적인 '애덕'보다는 아가페라고 번역하고 싶습니다)은 가장 영적이고 가장 무사무욕 합니다. 우리는 우리가 선택한 사람들을 사랑할 뿐 아니라, 모든 인간, 심지어 지각 능력이 있는 모든 존재를 사랑합니다. 이것은 붓다나 그리스도가 설교한 사랑으로, 어떤 보답도 바라지 않습니다. 이 사랑은 창조적입니다. 우리는 그 자체로 욕망할 만하거나 사랑할 만한 존재를 사랑하는 것이 아니라, 우리가 그 존재를 사랑함으로써 사랑할 만하고 욕망할 만한 존재로 만듭니다. 사랑을 하면서 우리는 사랑하는 사람에게 가치를 부여합니다. 이것은 성경에 쓰여 있는 대로의 신적인 사랑의 정의입니다. 신은 인간이 사랑할 만하거나 사랑을 받아 마땅하기 때문에 인간을 사랑하는 것이 아니라, 대가 없이 사랑합니다. 그리스도는 신이 모든 인간을 사랑하기 때문에 그들에게 무한한 가치를 부여하고, 우리 또한 그들을 사랑해야 한다고 우리에게 말합니다. 따라서 그리스도는 신이 우리에게 갖고 있는 사랑을 모범으로 간주하면서, 의무감 때문이 아니라 사랑 때문에 우리의 이웃을 존중하고 선을 행하도록 우리를 이끕니다. 이 때문에 스피노자는 그리스도가 우리를 "법에 예속된 상태로부터 해방시켰고, 그럼에도 불구하고 다음에는 그 법을 확언하고 우리의 마음 깊은 곳에 그것을 영원히 새겼다"[여기서 언급되는 법은 우리의 마음과 세계에 존재하는 고차원의 법을 가리킨다: 옮긴이] 라고 말합니다. 대승불교도 동일한 변화를 따라서, 자비(산스크리트어로 마이트리*maître*)의 법을 거쳐 살아 있는 모든 존재에 대한 능동적인 연민(카루나*karuna*)의 법에 이르게 됩니다. 이웃을 존중하는 것은 더 이상 단순히 법에 복종하기 위해서가 아니라, 그 이웃을 사랑하기 때문입니다. 이 보편적이고 무사무욕한 사랑이 지혜의 완성입니다. 그리고 저는 이러한 사랑이 인간만이 아니라 의식과 감정이 있는 모든 존재에게로 향하게 된다면, 그 사랑이 그만큼 더 올바른 것이 된다고 확신합니다. 제게 있어, 진정한 현자는 그가 할 수 있는 한 모든 살아 있는 존재를 사랑하고 존중하는 사람입니다.

그리스도와 같은 신-사랑에 대한 믿음이 지탱해 주지 않거나, 불교에서처럼 강도 높은 영적 수행이 지탱해 주지 않는다면, 그런 보편적인 사랑에 이르기가 매우 어렵습니다!

실제로 그렇습니다! 그리고 이런 이유 때문에 우리는 도덕적인 가치나 덕을 필요로 합니다. 고대의 철학자들은 인간의 탁월성을 나타내 주는 상당수의 가치와 도덕적인 자질에 대해 정의를 내리고 '덕(vertu)'이라는 이름을 부여했는데, 이 '덕'의 어원은 '탁월성'을 의미합니다. 우리는 흔히 특정한 작용 능력을 의미하기 위해 한 식물이나 약의 효능(vertu)에 대해 말합니다. 아르니카[국화과의 여러해살이풀: 옮긴이]나 아스피린의 효능은 고통을 가라앉히는 데 있습니다. 이런 것을 인간에게 적용해 봅시다. 인간은 자신의 행동 능력을 어떻게 표현할까요? 인간의 특정한 덕들, 곧 그를 완전히 인간적으로 만들어 주는 건 무엇일까요? 단순히 의사나 변호사나 은행업자로서가 아니라, 인간으로서 우리를 탁월하게 만들어 주는 자질은 무엇일까요? 바로 이것들이 지혜의 위대한 질문 가운데 하나입니다. 이러한 문제 제기에서 출발해, 고대인들은 상당수의 도덕적 자질, 즉 우리를 전적으로 인간다운 인간으로 만들어 주는 행동과 사회적 삶과 연관된 자질을 정의했습니다. 제 관점에서 볼 때, 타당성을 전혀 잃지 않는 이런 논리는 몽테뉴와 스피노자에게서도 나타납니다. 몽테뉴는 이렇게 쓰고 있습니다. "인간을 온전하게 만들어 주고 제대로 만들어 주는 것만큼 아름답고 당연한 일은 없다."

우리를 전적으로 인간답게 만들어 주는 도덕적
자질은 무엇인가요?

네 가지 주요한 덕은 서구의 전통에서 "중심이 되
는 덕들"이라고 부릅니다. 정의, 절제, 용기, 사려가
그것들입니다. 정의는 아마도 가장 중요한 덕일 테
고, 아리스토텔레스는 그것이 "완벽한 덕"이라고 말
합니다. 왜냐하면 그 덕이 모든 덕의 지평이 되기 때
문입니다. 우리는 이기적인 방식으로 신중하거나,
절제가 있거나, 용기가 있을 수 있습니다. 독재자는
그것을 인본주의적 가치와 연결시키지 않으면서도
커다란 용기를 보여 줄 수 있습니다. 정의는 보편적
인 가치 — 정의 없이는 어떤 사회적 삶도 가능하지
않습니다 — 인 동시에 개인적인 도덕적 가치입니
다. 아이들은, 비록 매우 어리더라도, 두 가지 의미
를 통해 정의가 무엇인지를 매우 잘 이해하고 있습
니다. 두 가지 의미란 합법성(법에 부합하는 것)과 (법
앞의 평등을 내포하는) 공정성입니다. 한 아이가 놀이
의 규칙을 지키지 않을 때, 다른 아이들은 즉각 법
의 지킴이가 됩니다. "너는 규칙을 지켜야 돼, 그렇

지 않으면 더 이상 놀지 않을 거야!" 그리고 한 아이가 권리를 침해당했다고 느끼면 (가령, 이 아이는 다른 아이들보다 무언가를 덜 받았습니다) 그는 곧 반항하는 태도를 보입니다. "이것은 공정하지 않아!" 아리스토텔레스가 잘 정의한 대로, "정의는 법에 부합하고 평등을 존중하는 것이고, 부정의는 법에 반대되고 평등을 결여한 것이다."

정의의 그 두 가지 차원 사이에 갈등이 존재하지 않습니까? 왜냐하면 법은 이따금씩 불공정하기 때문입니다.

절대적으로 존재합니다. 소크라테스는 도망칠 수 있었지만 죽음을 받아들였습니다. 그는 아테네 법정의 결정이 비록 부당할지라도… 그 결정을 피하고 싶지 않았기 때문입니다. 저는 그가 옳았는지 확신을 못하겠습니다. 실제로, 권력 당국이 집행하는 국가의 법 혹은 법정의 결정이 항상 공정한 건 아닙니다. 비시 체제 아래에서 옳았던 건 레지스탕스이지, 법을 지킨 독일 협력자들이 아닙니다. 그리고 만일 제가 전적으로 불공정한 재판의 희생자라면, 저는 그 결정을 고분고분하게 받아들일 것 같지는 않습니다! 따라서 제게는 공정성으로서의 도덕적 정의가 정치적 정의 — 비록 이것이 공동체의 삶에 필요한 것일지라도 — 보다 중요한 것으로 보입니다. 노예제는 수천 년간 합법적이었습니다. 알다시피 그것이 인간들 사이의 차별에 근거하고 있기 때문에 도덕적으로 불공정한 관행이었다고 하더라도 말입니다. 수많은 사람들이 모든 인간의 동등한 존엄성, 생각과 표현의 자유, 남성과 여성의 평등 등 매우 많은 영역에서 도덕적으로 불공정한 법을 바꾸려고 투쟁한 것은 다행스런 일이었습니다.

정의라는 도덕적 덕은 우리로 하여금 다른 사람을 지배하고 착취하기 위해 폭력을 사용하는 일을 금하고 있습니다. 그 덕은 우리에게 행동하기 전에 다른 사람들의 편에 서 보라고, 그들의 이해관계를 이해하고자 노력해 보라고 제안합니다. 그 덕은 우리로 하여금 사회적 약자들을 보호하도록 이끕니다. 그들도 행복을 열망하는 사람들입니다. 제가 조금 전에 보편적인 사랑에 관해서 언급했듯이, 저는 오늘날 정의의 도덕적 개념을 모든 지각 있는 생물에게까지 넓혀도 될 만큼 인간의 의식이 충분히 변화했다고 생각합니다. 산업적 축산이나 생체 해부의 경우처럼, 동물들을 착취하고 잔혹하다 할 만큼 고통스럽게 만드는 데 우리의 힘을 사용하지 맙시다. 동물들이 자연적으로 필요로 하는 것을 존중하고, 모든 잔인한 행위를 금지시킵시다. 정의라는 덕은 이성에 의해서 발달하기도 하지만, 공감과 연민에 의해서도, 즉 다른 존재가 느끼는 것을 느낄 줄 아는 능력과 입장을 바꿔 생각할 줄 아는 능력에 의해서도 발달합니다. 다윈이 1871년에 매우 훌륭하게 표현한 대로입니다. "하등동물에 대한 자비심은 인간이 부여받은 가장 고귀한 덕 중 하나이고, 도덕적 감정이 발달하는 과정에서 마지막 단계에 속하는 것이다. 우리가 지각 있는 모든 존재를 배려할 때만이 우리의 도덕성은 가장 높은 수준에 이른다." 우리와 가까운 이를 존중하기는 상대적으로 쉽고, 이런 일에서 우리는 명백한 공감을 발견하게 됩니다. 그런데 우리와 가장 멀리 떨어져 있는 생물, 즉 다른 종의 존재를 존중한다는 건 다른 사람을 배려하는 실제적인 능력의 표시입니다. 그리고 그런 행동은 온전히 공평한 방식으로 이루어집니다.

정의에 이어서, 절제는 어떤 면에서 우리를 온전한 인간이 되도록 만드는가요?

절제는 욕망의 계속되는 불만을 조절하는 덕입니다. 널리 퍼진 이미지와는 반대로, 절제는 기쁨의 부재, 금욕이 아닙니다. 이미 에피쿠로스는 플라톤의 조카이자 그의 아카데메이아의 계승자였던 스페우시포스가 발전시킨 쾌락을 증오하는 태도와 싸운 바 있습니다. 그는 쾌락의 감정을 재평가하고 싶었습니다. 마찬가지로, 스피노자도 금욕을 강하게 비판했습니다. "거칠고 슬픈 맹신만이 쾌락을 즐기는 것을 분명하게 금지시킨다." 그런데 현자들의 경우, 한계를 경험하고 분별 있고 신중한 만큼 더욱더 쾌락이 커집니다. 모든 것을 즐기길 원하는 것은 더이상 아무것도 즐기지 않는 것입니다. 알코올중독자나 강박적인 흡연자나 마약중독자의 고통은 그들이 중독성에서 끌어내는 쾌락보다 훨씬 더 큽니다. 앙드레 콩트 스퐁빌이 아주 잘 말했듯이, 절제는 우리로 하여금 "가능한 많이, 가능한 좋게 즐기도록 하지만, 대상의 무한한 수효에 의해서가 아니라, 감각의 증대와 이것에 대한 의식의 증대에 의해서 그렇게 한다." 양보다 질을 선호하는 것이 더 낫고, 절제의 덕을 통해 우리의 욕망을 한정하는 법, 아주 적은 양으로도 우리를 완전히 만족시키는 법, 갖가지 미세한 쾌락을 강도 높게 맛보는 법을 배우는 것이 적절한 일입니다. 과거의 현자들이나 피에르 라비 같은 오늘날의 현자들은 우리를 이 "행복한 절도(節度)," "중용의 능력"에로 이끕니다.

용기에 관해서 말씀해 주시죠?

 용기 — 혹은 고대인들이 말하는 것처럼, 영혼의 힘 — 는 우선 성격적인 특징입니다. 우리는 어떤 도덕성을 지니지 않고서도 용감할 수 있습니다. 우리는 익스트림 스포츠, 위태로운 생활 방식, 혹은 단순히 두려움을 넘어서려는 자연적인 능력을 위해 용감할 수 있습니다. 용기는 좋은 삶을 영위할 목적으로 자신과 자신의 한계를 뛰어넘는 것이 될 때에만, 나아가서는 다른 사람을 위한 것일 때에만 진정으로 도덕적인 덕이 됩니다. 지하철에서 폭력 사태가 일어났다고 상상해 봅시다. 만일 공격을 당한 사람이 나이지만 내가 아무런 두려움도 느끼지 않는다면, 나는 어려움 없이 사태와 대면하게 될 겁니다. 이때는 도덕적인 일이 아무것도 없습니다. 만일 내가 두려움을 느끼지만 그 두려움을 극복한다면, 나는 이미 나를 성장하게 해 주는 덕 있는 행위를 하는 겁니다. 그리고 내가 폭력 사태를 목격하고 그 희생자를 도우려 한다면, 매우 도덕적이고 덕 있는 행위를 하는 겁니다. 내가 다른 사람을 위해 용기를 내기 때문입니다. 용기는 인간으로 성장하는 데 있어 우리로 하여금 두려움과 한계를 넘어서도록 합니다. 바로 이런 이유 때문에 용기는 모든 문화에서 칭송을 받고, 그 문화 한가운데에는 '영웅'을 위한 진정한 의식(儀式)이 존재합니다. 영웅(미국인들은 이 영웅을 숭배합니다!)은 특히 그 자신의 이해관계를 넘어선 대의를 위해 자신의 두려움을 극복하고 자신의 한계를 밀어내는 사람, 혹은 위험을 감수할 수 있는 사람입니다. 그리고 반대로 반(反)영웅, 즉 '비겁한 사람'은 모든 문명에서 가장 많이 경멸을 당하는 사람입니다.

사려가 남아 있습니다.

사실, 마지막 핵심 덕인 사려(prudence)는 의지보다는 지성에 속하는 덕입니다. 이런 의미에서 이 덕은 다른 모든 덕에 필요한 것입니다. 오늘날 이 단어는 함축적인 의미로 사용되고 있는데, 이성적이고 조심성 있는, 위험의 완전한 부재라는 의미를 갖고 있습니다. 이는 이 단어가 지혜의 전통 속에서 갖고 있던 의미는 아닙니다. '프루덴티아(Prudentia)'는 그리스어 '프로네시스(phronèsis)'를 라틴어로 번역한 것인데, 그리스어의 의미는 '실천적인 지혜' 혹은 '분별력'입니다. 아리스토텔레스의 설명에 따르면, 사려는 주어진 상황에서 좋은 것이나 나쁜 것을 정확하게 숙고한 다음 그 결과에 따라 행동하는 지성의 태도입니다. 에피쿠로스에게 있어 주요한 덕이었습니다. 왜냐하면 쾌락을 분별하게 해 주고 욕구를 올바른 방식으로 이끌어 주기 때문입니다. 분별력 없이는 어떤 지혜도 가능할 수 없습니다. 따라서 사려는, 그 단어가 오늘날 지니고 있는 뜻과는 반대로, 우리로 하여금 위험을 감수하게 하고, 따라서 (예를 들면) 정의의 이름으로 용기를 보여 주도록 할 수 있습니다.

또한 사려는 우리로 하여금 우리 행위의 결과를
고려하도록 만드나요?

실제로 그렇습니다. 더구나, 개인적인 차원만큼이
나 집단적인 차원에서도 그렇게 하도록 합니다. 특
히 생태학의 아주 중요한 영역에서 '예방'이라는 현
대적 원칙에 영감을 불어넣어 준 것도 사려입니다.
이 덕은 높은 수준으로 기술화됐지만 윤리적인 차
원의 관심을 포기하지 않는 사회에서 매우 유용합
니다.

사려는 민간의 지혜에서 양식이라고 부르는 것
이 아닙니까?

보다 포괄적인 관점에서 보면, 우려는 사려와 동
물의 본능 사이에서 유추할 수 있을 겁니다. 동물
은 매 순간 자기에게 좋은 것이나 나쁜 것을 분별하
고 그 결과에 따라 행동하는 자연적인 본능을 지니
고 있습니다. 이런 동물적인 본능은 아직도 우리에
게 남아 있지만 — 실제로는 아무도 이런 본능을 두
고 '양식'이라고 부르지 않습니다 —, 그것은 문화
의 우월적인 위치 때문에 매우 무디어지고, 이런 사
실 때문에 우리의 실천적인 지성, 우리의 분별력을
사용하는 일이 그만큼 더 필요한 것이 됩니다.
　많은 다른 덕 — 너그러움, 겸손, 연민, 온화함, 충
직, 관용 등 — 이 있는데, 이것들도 우리가 인간으
로서 성장하도록 도움을 주는 매우 중요한 것들입
니다. 만일 당신이 이런 것들에 관심이 있다면, 저는
주목할 만한 매우 완벽한 두 권의 책을 읽으라고 권
하고 싶습니다. 아리스토텔레스의 『니코마코스 윤
리학』과 앙드레 콩트 스퐁빌의 『위대한 덕들에 관
한 소론』이 그것입니다.

잊지 않고 읽겠습니다! 그런데 저는 제가 매우 좋아하는 유머도 하나의 덕으로 간주할 수 있는지 궁금합니다.

절대적으로 그렇습니다. 당신은 전통적인 덕에 속하지는 않지만 지혜를 펼쳐 보이는 데 핵심적인 것으로 보이는 두 가지 덕에 대해 한 마디 덧붙일 기회를 주는군요. 그것은 유머와 유연함(souplesse)입니다. 더구나 이 두 자질은 서로 연관이 없지 않습니다. 근본적인 덕 가운데 하나인 유머는 우리로 하여금 현실을 상대적인 것으로 만들고, 융통성을 지니고, 삶의 비극과 관련하여 한 걸음 뒤로 물러서서 바라보도록 해 줍니다. 우디 앨런이 말한 대로, "삶은 문제의 연속이다. 그런데 더 나쁜 건 그 연속이 멈추는 것이다!" 유머는 우리로 하여금 어려운 상황, 심지어 극적인 상황과 대면하게 한 다음, 유머러스한 우회를 통해, 그런 상황을 보다 가벼운 것으로 만들어 주고, 어떤 경우에는 그런 상황에서 기쁨을 끌어내도록 해 주는 정신의 자질입니다. 다른 한편으로, 가장 영적이고 가장 심원한 유머는 자신을 상

대로 만들어 내는 유머입니다. 유대인의 유머가 이
것의 모범입니다.

왜 유대인들은 자조라는 아주 특이한 태도를 발달시켰나요?

거기에는 신학적인 이유와 역사적인 이유가 있다고 생각됩니다. 신학적인 이유는 유대인의 선민사상과 그 구성원들의 매우 인간적인 행동 방식 사이에 존재하는 심연 같은 간극에서 생겨납니다. 실제로, 성경에 따르면, 우주의 창조주이고 모든 성스러움의 근원인 신이 이 작은 민족을 선택했는데, 이 민족은 어느 면으로 보아도 다른 민족보다 더 성스럽거나 덕이 많지 않습니다. 이 선민사상으로 인한 부담감이 지탱하기에는 너무 무거운지라, 차라리 그 부담감을 비웃고 자신들을 조롱하는 것이 더 낫습니다. 역사적인 이유는 유대인이 2천 년 전부터 모든 종류의 박해를 받았다는 사실에 있습니다. 제가 방금 환기한 대로, 유머는 비극적인 일을 견디게 해 주고, 그 일에 의미를 부여하게 합니다. 자조의 극치에 있는 유대인의 놀라운 유머는 이 두 문제, 그러니까 선민사상의 문제와 박해의 문제가 교차하는 지점에서 발달한 것으로 보입니다. 그리고 후자는 전자를 더욱더 문제가 있는 것으로 만들어서, 유머가 허용하는 필요한 거리 두기를 강화할 따름입니다.

그런데 유머는 또 다른 두 가지 덕을 지니고 있습니다. 그것은 단합, 사회적 관계를 창조하고(쉽게 전파되는 웃음의 덕), 겸손함에 높은 가치를 부여하면서, 심각한 것을 가벼운 것으로 만듭니다. 유머가 없는 현자의 지혜는 부담스럽고 무거울 겁니다. 이에 딱 들어맞는 말로, 유머가 없는 성자는 슬픈 성자라는 말이 있습니다. 그래서 제게는 유머가 지혜에 필수불가결한 것으로 보입니다! 한편으로, 우리가 열망하는 이데아와 우리가 처한 현실 사이에 존재하는 비극적이면서도 우스운 간극을 유머가 메우게 해주기 때문입니다. 우리의 한계, 나약함, 결점 때문에 신음하고 눈물을 흘리는 것보다는 그것들을 조롱의 대상으로 삼는 것이 더 낫습니다. 다른 한편으로, 웃음이 우리를 너무 심각하고, 오만하고, 허영에 찬 존재로 만드는 영적인 길에서 우리를 보다 가볍고 겸손한 존재로 만들기 때문입니다. 소위 "영적인 스승"을 처음 접할 때마다 제가 제일 유심히 보는 건 그의 유머 감각입니다. 왜냐하면, 제게는, 유머가 없는 사람은 완성된 인간으로 가는 길이 매우 멀어 보이기 때문입니다.

또한 당신은 핵심적인 덕으로 유연함을 꼽았습니다. 저는 당신이 육체의 유연함이 아닌 정신의 유연함에 관해 말하려고 한 게 아닌가 생각합니다!

잘 움직이기 위해서 육체의 유연함이 중요한 만큼, 잘 살기 위해서는 정신의 유연함이 중요합니다. 제게는 융통성, 모든 상황에 적응할 수 있는 능력은 지혜의 핵심적인 덕처럼 보입니다. 그것은 서구의 전통에서는 찾아볼 수 없지만, 제가 매우 좋아하는 중국의 지혜의 큰 흐름 중 하나인 도교의 토대를 이루고 있습니다. 중국에서 기원전 4세기 무렵에 태동한 도교 철학은 유교의 관료적 사상(도교는 부분적으로 이 사상으로부터 영감을 받기도 했습니다)과 대비하여 독단적이지 않고, 회의적이고, 비판적인 사상으로서 발전했습니다. 이 사상은 연약한 것의 강함, 아이의 지혜, 무위의 효용성 같은 역설적 가치를 격찬했습니다. 그런데 이 철학을 창립한 주요 인물들 가운데 한 명인 장자(이 사람은 유머가 풍부했습니다)가 말하는 주요한 덕은 유연함입니다. 현자는(혹은 지혜롭기를 바라는 사람은) 유연하고 유순하며, 적응력이 뛰어납니다. 그는 자신의 사상이나 행동에 결코 고정되어 있지 않습니다. 이런 식으로 그는 삶의 영구적인 움직임에 도그마적인 사상이나 경직된 태도를 지니며 저항하기보다는 그 움직임을 내면적으로 따라가는 데 익숙합니다. 유교적인(혹은 스토아주의적인) 사상과는 반대로, 지혜는 완벽한 우주적 질서를 모방하려 하지 않고, 오히려 지상의 삶이 지닌 풍부하고, 혼란스럽고, 유동적이고, 예측할 수 없는 흐름과 기쁜 마음으로 결합하려고 합니다. 따라서 도교의 지혜는 질서의 지혜가 아닌, 무질서의 지혜입니다. 마찬가지로, 고정성의 지혜가 아닌, 움직임의 지혜입니다. 그것은 변화하지 않는 우주적 질서가 아니라 삶의 풍부함 자체와 조화를 맺기 위해 자발성, 유연함, 유동성을 격찬합니다. 이런 사실에 진정한 행복, 최고의 기쁨이 존재합니다. 우리는 이 지혜 속에서 앞서 언급한 수용, 놓아주기, 삶에 대해 "예"라고 말하기라는 근본적인 사상을 다시 발견하게 됩니다. 여기에, 도그마적이지 않고 기쁨에 넘치는 시각에서, 자발성과 가벼움을 끌어오세요. 어린아이들이 삶을 바라보는 방식에서처럼 말입니다.

당신이 언급한 모든 덕들, 특히 핵심이 되는 덕들은 타고날 때부터 지니게 되는 건가요? 어떻게 그 덕들을 획득해 발달시키나요? 사실, 저는 제게 좋은 것, 제가 해야 할 것을 알 때도 있지만, 대개 이런 상태에 이르기에는 너무 연약하고 불안정합니다.

덕은 인간에게 인간 본성의 모든 도덕적인 잠재성을 펼쳐 보이도록 해 줍니다. 대부분의 도덕가는 덕이 오직 교육에 의해서만 가능하다고 생각합니다. 늑대가 키운 야생의 아이는 늑대의 덕을 습득할 겁니다. 인간 사회에서 교육을 받은 아이는 인간의 덕을 습득하고 발달시킵니다. 이는 반박의 여지가 없는 일이지만, 그럼에도 우리는 개인에 따라 다르더라도 정의롭고, 절제하고, 용기 있고, 신중해지려는 자연적인 경향을 관찰하게 됩니다. 유머 감각, 너그러움, 연민 등에 대해서도 마찬가지입니다. 각 개인은 서로 다른 (덕의) 씨앗과 이를 표현하는 방식을 지니게 됩니다. 어떤 아이들은 다른 것들보다도 너그러움이나 겸손, 정의를 따르려는 성향이 더 큽니다. 그런데 이런 덕들이 발달하는 데 있어 교육이 결정적인 역할을 합니다. 교육은 중독이나 악덕으로 유도될 수 있는 자연적인 성향을 교정하도록 만들어 주기도 합니다. 따라서 제 관점에서는, 비록 덕의 성장에 문화가 결정적인 것이라 하더라도, 덕은 본성과 문화의 교차점에 있는 것으로 보입니다.

아리스토텔레스에 따르면, 덕은 획득되기도 하고 지속적인 것으로 만들 수도 있습니다. 그러나 이런 사실이 죽을 때까지 덕을 지닐 수 있다는 걸 의미하지는 않습니다. 만일 덕이 교육에 의해서 전달된다고 한다면, 그것은 실천에 의해서 강화되고 우리 내면에 뿌리를 내리게 됩니다. 쇠를 단련하면서 대장장이가 되고, 피아노를 연주하면서 피아니스트가 됩니다. 마찬가지로, 용기 있거나 절제하는 행동을 규칙적으로 취하면서 용기 있거나 절제하는 사람이 됩니다. 전통에 따르면, 덕은 '습성(habitus)' — 그리스어 헥시스(hexis)의 라틴어 번역 — 이고, 안정적인 자질입니다. 이는 우리가 덕 있는 행동을 반복한 끝에 숙달하게 된 것입니다. 이의 역 또한 진실입니다. 우리는 부정적인 행동을 반복한 끝에 사악한 사람이 됩니다. 우리는 한 잔만 더 마시자는 작은 유혹에 반복적으로 굴복한 끝에 알코올중독자가 됩니다. 다른 한편으로, 아리스토텔레스는 덕이 악덕을 구성하는 두 가지 극단의 가운데에 있는 올바른 중도(그리스어 아레테arété)라고 정의합니다. 따라서 절제는 방탕(쾌락이 너무 많은 악덕)과 금욕(쾌락이 없는 악덕) 가운데에 존재하는 올바른 중도입니다. 용기는 비겁함(어떤 위험도 감수하지 않는 것)과 무모함(지각없이 위험을 따르는 것) 가운데에 있는 올바른 중도입니다.

당신의 말은 제게 붓다의 그 유명한 '중도의 길'을 떠올리게 합니다. 이것도 같은 사상인가요?

사실, 붓다는 극단적인 길을 경험하는 것에서부터 시작했습니다. 왕자로서 사치스런 삶을 산 이후에 그는 반대되는 극단의 길, 즉 금욕과 (쾌락의) 완전한 포기 상태에 빠졌습니다. 그런데 그는 자신이 나아지는 면이 전혀 없는 것을 보고, 한 나무 밑에 앉아 밤낮으로 명상을 했습니다. 이렇게 해서 그는 깨달음을, 계시를 얻게 됩니다. 이 때문에, 특히 그는 직관적인 방식으로, 진정한 지혜는 쾌락에의 집착과 쾌락의 포기 가운데에 있는 올바른 중도에 있다는 걸 이해하게 됩니다. 그는 바라나시에서 행한 최초의 설교에서 다음과 같이 말합니다. "이 두 가지 극단을 피하면서 나는 비전과 앎을 주고, 마음의 평화에, 지혜에, '깨달음'에, 니르바나에 이르게 해 주는 중도를 발견하게 됐다." 이것은 아리스토텔레스가 두 가지 극단 사이의 균형을 강조한 삶 전체에 적용되는 사상과 동일한 사상입니다. 지혜는 과도함이 없는 균형 잡힌 삶을 살도록 우리를 이끕니다. 집착하는 일 없이 감각의 쾌락을 맛보도록 이끕니다. 궁극적으로, 모든 일은 좋은 습관이 되거나 나쁜 습관이 되는 작은 결정들, 덕 있는 습관이 되거나(나를 인간으로서 성장시킵니다) 타락한 습관이 되는(나를 인간으로서 왜소하게 만듭니다) 작은 결정들을 통해 하루하루 이루어집니다.

그런데 나쁜 습관은 어떻게 바꿀 수 있을까요? 우리를 불행하게 만들고 우리 주위의 사람들에게 고통을 주는 중독이나 악한 행동으로부터 어떻게 자유로워질 수 있을까요? 의식을 통해서요? 의지의 힘으로요?

에피쿠로스학파의 사람들은 실천적인 지혜, 분별력이 욕망의 방향을 바꾸고 나쁜 습관을 교정하는 데 충분하다고 생각합니다. 스토아학파의 사람들로 말한다면, 모든 것이 의지의 문제라고 확신합니다. "당신이 원한다면, 당신은 할 수 있다!" 경험에 따르면, 두 가지가 필요하지만… 대개는 불충분합니다! 알코올중독자는 자신의 알코올 의존성이 자신을 불행하게 만들고, 이런 상태로부터 빠져나와야 한다는 걸 완벽하게 의식하고 있습니다. 그는 술을 끊길 원할 수 있습니다. 그러나 모든 노력에도 불구하고 그는 그 상태에 이르지 못합니다. 대부분의 중독된 행동이나 우리가 나쁜 방식으로 숙달된 것에 대해서도 같은 말을 할 수 있습니다. 우리는 의식을 하거나 의지를 발휘해도 그런 상태로부터 빠져나오지 못한다는 걸 확인하게 됩니다. 아마도 스피노자는 인간이 변화하는 데에는 이성과 의지의 힘 이외의 다른 힘이 필요하다고 처음으로 주장한 현자일 겁니다. 그 다른 힘이란 욕망을 말합니다. 그의 말에 따르면, 욕망은 "인간의 본질"입니다. 인간은 (결핍의 존재일 뿐 아니라) 욕망의 존재이고, 그 욕망의 힘은 행동의 결정적인 변화를 이끌어 내기 위해 인간의 모든 것을 동원할 정도입니다. 이성의 역할은 매우 중요합니다. 왜냐하면 우리의 행동을 해명하고, 행동의 방향을 정하고, 그 방향을 다시 정하도록 해 주기 때문입니다. 그러나 욕망의 결정적인 힘이 없다면, 우리의 변화를 위한 결정은 대개는 경건한 맹세로만 남을 겁니다.

우리가 우리를 불행하게 만들거나 다른 사람을 고통스럽게 만드는 욕망이나 행동의 포로가 될 때, 지성의 역할은 우리로 하여금 성장과 기쁨을 경험하게 만드는 새로운 욕망을 불러일으키는 데 있습니다. 이성은, 슬픔을 만들어 내는 부적절한 행동을 피하기 위해, 우리의 욕망이 향하는 새로운 사물(혹은 사람)을 더 잘 분별하게 해 줍니다. 따라서 욕망은 우리 행동의 토대에 존재하고, 우리는 적절한 생각과 연관된 새로운 동기를 발달시키며 욕망의 방향을 다시 결정하는 법을 배워야 합니다. 우리에게 진정으로 좋은 것, 우리의 본성과 어울리는 것, 우리를 성장시키고 기쁨 속에 있게 만들면서도 매혹시키는 것을 발견하는 것입니다. 제가 전적으로 지지하는 스피노자의 도덕은 의지에 기초하고 있는 의무의 도덕("너는 ~해야만 돼." "~할 필요가 있어.")과 대척점에 있습니다. 이것은 이성에 의해 밝혀진 윤리이지만, 우리의 결정적인 힘에, 우리의 욕망과 우리의 기쁨을 향한 열망에 토대한 것입니다.

영적 수련

당신은 이 대화를 시작할 때 고대의 철학 학파들은 지혜에 이르는 걸 돕기 위한 영적 수련을 제안했다고 말했습니다. 불교 같은 지혜를 찾는 동양의 사조들도 많은 수행과 기술을 제안합니다. 우리 시대 사람들은 지혜를 성장시키기 위해 어떤 수련을 하는 게 도움이 될까요?

모든 수련을 조건 짓는 가장 중요한 점은 의도와 각성(覺醒)을 견지하는 겁니다. 의도를 견지한다는 건 당신이 인간으로서 성장하고, 당신 자신을 개선하고, 보다 의식 있고, 보다 친절하고, 보다 책임감 있고, 보다 덕 있기를 원하고, 이런 의도를 쇄신하길 매일 염두에 둔다는 걸 의미합니다. 각성을 견지한다는 건 특히 선택을 요구하거나 감정적인 반응을 일으키는 모든 상황과 대면해 방금 언급한 것을 머리에 떠올린다는 것입니다. 이런 식으로 당신은 가능한 가장 적합한 방식으로 모든 일과 대면할 수 있을 것이고, 한 걸음씩, 조금씩, 지혜를 성장시키게 될 것입니다. 어떤 날에는 당신을 개선하길 원하고 또 어떤 날에는 그것에 대해 더 이상 생각하지 않는

다면, 명백하고 엄격하게 말해, 아무것에도 도움이 안 될 겁니다! 인간으로서 성장한다는 건 매일의 작업입니다. 이것은 의도이고, 당신의 내면에서 일어나는 일에, 상황과 대면한 당신의 반응에, 당신과 다른 사람의 관계에 지속적인 주의를 기울이는 겁니다. 주요한 수련은 이 점에 있고, 이런 식으로 당신은 점차 덕을 지니고, 당신의 정신을 변화시키고, 보다 많은 분별력과 유연함을 보여 주고, 당신의 시각을 확대시킬 수 있을 겁니다. 이렇게 쇄신하려는 의도와 지속적인 각성 속에서 매일 모든 일이 일어납니다.

전반적인 의도는 잘 이해하겠습니다. 그런데, 구체적으로 말해서, 나는 각성을 어떻게 적용할 수 있나요? 예를 들어 주시기 바랍니다.

붓다는 각성, 혹은 정신의 깨어 있음은 생각과 말부터 대상으로 삼아야 한다고 우리에게 말합니다. 병적이고 불건전한 생각 혹은 두려움, 슬픔, 분노, 증오의 감정과 연관된 생각이 일어날 때, 당신은 각성하는 태도를 통해 제때에 그런 생각이 더 이상 발전되지 않도록 할 수 있습니다. 생각은 우리 자신뿐 아니라 다른 사람에게도 상당히 큰 영향을 미칩니다. 나쁜 생각은 우리의 정신과 마음을 어둡게 하는 진짜 독이 될 수 있습니다. 또한 그것은 우리의 정신에 의해 생겨난 에너지로서 다른 사람에게까지 이를 수 있습니다. 전통적인 문화에서 '불길한 시선'이라고 부르는 것은 미신이 아닙니다. 어떤 사람에 대해 부정적인 생각을 갖고 있다는 사실은 그 사람에게 실제로 부정적인 영향을 미칠 수 있습니다. 그역 또한 진실입니다. 긍정적인 생각은 우리 자신이나 다른 사람에게 이로운 영향을 끼칠 수 있습니다.

종교에서 기도라고 부르는 것은 우선 자신이나 다른 사람을 향해 입 밖으로 내는 긍정적인 생각입니다. 신이 존재하건 그렇지 않건 간에, 기도는 생각의 힘만으로도 영향을 미칠 수 있습니다. 이런 이유에서, '성찰'은 인간의 모든 영적인 전통의 바탕입니다.

 말에 대한 각성도 마찬가지입니다. 더 명확하게 관찰해 보면, 우리의 말은 다른 사람과의 관계에 상당히 큰 영향을 미칩니다. 한 마디 말로 사람을 살리거나 죽일 수 있습니다. 티베트 불교에서는 전통적으로 다음과 같은 네 가지 계율을 언급합니다. 거짓말 하지 않기, 상처 주는 말 하지 않기, 반목을 일으키는 말 하지 않기, 경박한 말 하지 않기. 다음과 같은 민간의 지혜도 있습니다. "말을 하기 전에 입 속에서 혀를 일곱 번 굴려야 한다."

매 순간 나의 생각과 말에 대해 각성하는 것 이
외에, 일상의 의식(儀式)과 다소 비슷하게, 매일
아침 저녁으로 실행할 수 있는, 추천할 만한 수
련이 있나요?

실제로, 모든 영적인 전통에서는 그런 차원에서
추천할 만한 것이 있습니다. 제가 경험한 것을 당신
과 공유할 수 있습니다. 아침마다, 당신은 당신에게
집중하고, 오늘 하루의 목적을 되새기고, 당신의 정
신이 가장 중요한 것들에 주의를 기울일 수 있도록
잠시 명상을 할 수 있습니다. 이어서, 존재하는 것과
함께 단지 현존하면서, 그리고 끊임없는 생각의 흐
름을 쫓지 않도록 당신의 호흡에 주의하면서, 특정
한 의도 없이 몇 분간 침묵 속에 머무릅니다. 당신
이 하루에도 몇 번에 걸쳐 다시 시도할 수 있는 이
작은 명상은 자기에게, 다른 존재에게, 세계에서 현
존할 수 있는 자질을 계발하도록 해 줍니다. 이 명
상은 정신적인 고요 속에서 내면에 머무르는 일을
용이하게 만들고, 당신의 하루에 특별한 향기를 보
태 줄 겁니다. 또한 이 명상은 혼란을 일으키는 생

각들과 시간의 흐름 속에서 일어나는 감정들과도 거리를 두도록 해 줍니다. 알다시피, 당신은 명상을 하는 동안에는 그 생각들과 감정들을 바라보기만 하는 습관을 갖게 될 테니까요.

당신은 명상을 언급합니다. 따라야 할 특정한
자세나, 명상을 하는 방식, 명상을 하기에 보다
적합한 장소가 있는가요?

그 모든 것은 상당히 부차적인 것들입니다. 당신
은 방이나 거실에 앉아서 명상을 할 수도 있지만,
또한 자동차 안에서도, 지하철 안에서도, 걸어가면
서도 명상을 할 수가 있습니다. 명상은 무엇보다도
정신의 태도입니다. 즉, 존재하는 것에 주의를 기울
이면서 현존하는 것입니다. 이를 위해, 당신은 당신
안에서 일어나는 일을 객관적이고 초연한 태도로
바라보는 법을 배우게 될 겁니다. 당신은 생각들을
따라가는 일 없이 그것들이 지나가도록 내버려두
고, 사고의 연속적인 흐름에서 빠져나오기 위해 당
신의 호흡이나 육체적인 감각에 주의하는 것이 유
용할 겁니다. 그런데 이런 모든 일은 언제 어디서나
실행할 수 있습니다. 가장 중요한 일은 수련 동안에
주의를 기울이고, 비록 몇 분에 지나지 않더라도, 가
능한 자주 수련을 하는 것입니다. 이런 식으로 실천
하다 보면 당신은 시간이 흐를수록 차츰차츰 당신

의 마음을 더 평화롭게 만들고 당신이 하는 일에 더
잘 현존할 수 있을 겁니다.

잠들기 전에도 주의를 기울이라고 조언하실 건
가요?

아침마다 오늘 하루의 목적을 되새기는 일이 소
중한 것과 마찬가지로, 잠자기 전에 하루를 정리해
보는 것도 유용할 수 있습니다. 이런 일을 두고 고
대인들은 '의식의 검토'라고 불렀고, 이후에 기독
교인들이 이 작업을 행하게 됩니다. 몇 분 정도 걸
릴 수 있는데, 그 시간 동안 당신은 영적인 관점에
서 당신의 하루를 요약하려고 노력합니다. 즉, 나는
어떤 선한 일을 했고 또 그렇지 않은 일을 했는가?
나는 어떤 사람에게 마음의 상처를 주었는가? 나는
진정으로 주의를 기울였는가?

저는 어렸을 적에 가톨릭학교에서 교육을 받았는데, 안 좋은 기억들이 떠오릅니다! 그때 저는 혹시 내가 죄를 저지르지 않았는지 알기 위해 매일 밤 양심을 괴롭혀야 했습니다. 이것 때문에 저는 당시 병적인 죄책감을 키우게 됐고, 이어서 그 감정에서 벗어나는 데 몇 년의 시간이 걸렸습니다.

같은 게 아닙니다. 고대인들이 실천하던 철학적인 의미에서 의식의 검토는 신의 관점에서 자책을 하는 것이 아닙니다. 신은 옛날 사람들에 의해 독단적인 심판관처럼 간주됐는데, 한편으로 보면 이것은 복음이 전하는 메시지와 정반대되는 것입니다. 제가 말하고 싶은 것은 단순히 짧은 시간을 내서 내면을 바라보자는 것입니다. 이런 실천을 통해 당신은 자신을 관찰하게 되고, 당신이 아침에 떠올린 생각을 따랐는지 그렇지 않았는지, 이러저러한 부분에서 자신을 개선할 수 있었는지, 예기치 않은 상황을 맞아 긍정적인 반응을 보였는지, 아니면 부정적인 반응을 보였는지 등을 볼 수 있도록 해 줍니다. 당신을 심판해야 한다는 것이 아니라, 당신이 매일 당신 자신과, 다른 사람과, 세계와 가장 올바른 방식으로 조화를 이룰 수 있도록, 마치 악기를 조율하듯이, 보다 나은 것에 당신을 맞추자는 것입니다.

또한 매일 실천할 수 있는 작은 일이 있는데, 당신에게 적극 추천합니다. 감사의 마음을 갖는 것이 그것입니다. 아침에 일어나자마자, 살아 있다는 사실과 건강하다는 사실(이럴 경우의 얘기입니다)에 대해 삶에 감사하십시오. 매일 밤 잠들 때, 하루 동안 당신을 행복하게 만들어 준 것에 대해 삶에 감사하십시오. 기쁨이 마음에 차오를 때마다, 좋은 소식을 들을 때마다, 삶이 어떤 선물을 해 줄 때마다, 마음이 평화로울 때마다, 감사한 마음을 가지세요. 그리고 당신이 지혜의 진전을 이루게 되면, 당신은 난관, 실패, 시련에 대해서도 감사하는 법을 배우게 될 겁니다. 왜냐하면 당신은 어떤 장애든 성장과, 의식과, 사랑의 근원이 될 수 있다는 걸 이해하게 될 것이기 때문입니다. 이처럼 감사하는 마음을 갖는 걸 저는 몇 해 전부터 실천해 오고 있는데, 우리 마음에 사랑과 기쁨을 증대시키는 결과를 가져다줍니다.

당신은 고대의 철학자들이 마음의 균형을 잃게 하는 모든 사태와 마주할 준비를 하기 위해 암기하고 있던 격언과 문장에 관해 말했습니다. 당신도 그것들을 사용하나요?

그렇기도 하고, 그렇지 않기도 합니다! 제가 난관에 부딪힐 경우에 대비해 염두에 둘 수 있는 삶에 관한 수십 가지 격언을 배우지 않았다는 의미에서는 그렇지 않습니다. 하지만 아주 오래전부터 제가, 수많은 독서를 통해, 특히 도움이 되거나 적절하다고 판단한 문장이나 성찰들을 노트하는 습관이 있었다는 의미에서는 그렇습니다. 몇 해 전부터, 저는 독자와 공유하기 위해 그중 한 문장을 일요일 아침마다 제 페이스북에 올리고 있고, 당신이 확인할 수 있듯이, 대중과의 소통이나 제 책을 통해 그것들을 공유하는 것도 잊지 않고 있습니다. 개인적인 이유에서, 저는 (위로가 필요할 때) 철학보다는 시나 음악에서 더 큰 위로를 발견합니다. 제 마음과 감수성은 제 정신만큼이나 건전하게 자양분을 공급받는 걸 필요로 합니다!

당신과 관련해 제가 읽거나 들은 몇몇 책과 강연에서 당신은 실제로 정신, 마음, 육체의 관계를 매우 많이 강조하고 있습니다. 이 세 가지 차원이 대개 독립적으로 다뤄진다는 건 사실입니다. 저는 확실히 요가나 스피노자 같은 육체와 정신의 관계를 중요시하는 운동이나 철학자를 알고 있습니다만, 마음은 특정하게 언급되지 않습니다.

이런 이유 때문에 저는 정신, 마음, 육체 사이의 칸막이를 없애고 그것들을 서로 조화하게 만드는 것이 절대적으로 필요한 일로 보입니다! 정신에는 아무런 중요성도 부여하지 않으면서 육체에만 신경을 쓰는 사람들을 볼 때면 얼마나 유감스러운지 모릅니다! 혹은 지적으로 총명하지만 마음이 닫혀 있거나 그 육체가 계속해서 위축되는 사람들을 볼 때란 또 어떤지요! 삶에서, 우리의 존재는 하나의 전체처럼 기능합니다. 우리의 정신, 마음, 육체는, 우리가 의식하건 그렇지 않건 간에, 항상 긴밀하게 연관되어 있습니다. 우리의 생각과 감정은 우리의 육체에 상당한 영향을 미치고, 역으로 우리의 건강은 우리의 정서와 사고에 커다란 영향을 끼칩니다. 모든 것이 연결되어 있는데, 만일 지혜가 우리의 정신에만 영향을 미친다면, 매우 초라하고 슬프게도, 그것은 이성만이 기능하는 지혜가 될 겁니다. 지혜의 추구는 우리의 정신만큼이나 우리의 마음, 정서, 육체와 관계됩니다. 이런 이유에서 저는 지혜를 무엇보다도 **살아가는 기술**이라고 정의하고 싶습니다. 호흡하고, 먹고, 생각하고, 느끼고, 감정을 품고, 보고, 듣고, 맛보고, 접촉하고, 사랑하는 기술 말입니다. 지혜는 육체와 감정을 무시하는 금욕적인 삶의 정반대입니다. 그것은 우리 존재의 모든 차원에 걸쳐 삶을 건전하게 즐기는 기술입니다. 우리는 우리 존재의 모든 차원을 배려하고 그 차원을 조화롭게 만들고자 시도하면서 행복하게 사는 것을 진정으로 배운다고 저는 확신합니다. 그것은 한 평생의 길이지만, 제게는 세계에 존재하는 가장 아름다운 것으로 여겨집니다.

좋고 행복한 삶을 영위하길 열망하는 사람은 자신이 호흡하는 방식과 먹는 방식에 관심을 기울이는 것으로 시작합니다. 요가는 제가 더 잘 호흡하고 제 숨결을 더 잘 의식하도록 많은 도움을 줬고, 몇 해 전부터 저는 건강상의 이유만큼이나 윤리적인 이유 ─ 즉, 동물의 행복과 이 지구를 위해 ─ 에서 식단을 바꾸려고 진지하게 노력하고 있습니다. 지역에서 생산된 먹거리를 먹고, 육식을 줄이거나 중단하는 일은 자신과, 다른 존재와, 세계를 배려하는 일입니다.

무공해 식품을 먹을 수 있는 방법이 있어야 합니다!

그것은 부차적인 문제입니다. 확실히, 스스로 채소밭을 가꾸지 않는 한, 무공해 식품을 먹는 일은 슈퍼마켓에서 살충제가 가득한 수입산 식품을 사먹는 일보다 비용이 더 듭니다. 하지만 만일, 그와 동시에, 우리가 건강에 안 좋은 고기와 설탕이 가득 함유된 음료(소다수를 비롯한 여러 가지 음료) 소비를 줄인다면, 비용이 균형을 이룰 겁니다. 고기를 덜 먹는 일은 네 가지 중대한 영향을 미칩니다. 우선, 우리가 지구를 위해 유용한 일을 하게 됩니다. 왜냐하면 집중적인 산업적 축산은 생태학적으로 재앙이기 때문입니다(기후온난화, 수자원 고갈 등). 다음은, 수십억 마리의 동물이 고통 속에서 사육되다 죽게 되는 일을 피할 수 있습니다. 이어서, 우리는 건강을 향상시킬 수 있습니다(세계보건기구는 특히 수많은 심혈관 질환을 일으키는 고기 소비를 줄일 것을 적극 추천합니다). 끝으로, 우리는 다른 무공해 식품을 구입할 수 있을 만큼 돈을 아끼게 됩니다.

우리의 식습관을 고려할 때, 채식주의자가 된다
는 건 매우 어려운 일입니다. 저도 식습관을 바꿔
야 한다고 확신하고 있지만, 지금으로서는 매우
까다롭고 상당히 금욕적인 선택으로 보입니다!

갑자기 채식주의자가 될 필요는 없습니다. 실제로
거의 아무도 그런 상태에 이를 수 없고, 제가 그 첫
번째 예일 겁니다. 그런데 우리는 조금씩 고기와 생
선의 소비를 줄이면서 채식주의로 나아갈 수 있습
니다. 이런 사람을 두고 "간헐적 채식주의자"라고
부르는데, 제가 그런 사람에 속합니다. 저는 더 이
상 [붉은 살] 고기는 사지 않고, 제가 구입하는 유일
한 생선은 제가 살고 있는 코르시카 지역 어장에서
잡은 생선뿐입니다. 하지만 저는 식당이나 친구 집
에서 고기나 생선을 먹을 때가 있습니다. 제가 절대
로 먹지 않는 고기는 두 가지입니다. 송아지와 새끼
양 고기가 그것입니다. 이 어린 동물들이 태어난 지
몇 주 혹은 몇 달밖에 지나지 않아 도살당한다는 걸
상상하는 것만으로도 저는 구역질이 납니다. 저는
언젠가는 채식주의자가 되리라는 희망을 갖고 있습

니다. 제가 그렇게 되는 것이 지구에 대해, 동물에 대해, 제 건강에 대해 더 나은 일이라고 생각하기 때문인데, 저를 강제하거나 죄책감을 느끼는 일 없이 제 나름의 속도로 나아가고 있습니다. 저는 이렇게 보편적인 방식으로 지혜의 추구를 구상합니다. 곧 우리에게 가장 좋은 것으로 보이는 방향으로 나아가되, 자신을 혹독하게 몰아세우거나 자신에게 과도한 압력을 부과하는 일 없이 자신의 리듬대로 나아가는 것 말입니다.

채식주의와 관련하여 두 가지 내용을 덧붙이고 싶습니다. 제가 창설한 단체 '모두가 동물을 위하여'와 다양한 전문가, 단체, 사육자 들과 함께, 우리는 동물의 안녕을 나타내는 윤리적인 라벨을 붙이는 제도를 만들기 위해 매우 많은 노력을 기울이고 있습니다. 이는 동물이 죽을 때까지 고통을 덜 받도록 고기에 비용을 조금 더 지불할 것을 선택하는 것이며, 이를 의식하면서 고기를 구입하도록 하는 것입니다. 이 과정에서도 고기 소비가 줄어들 여지가 있습니다. 그리고 저는 고기 소비를 줄이면서 다른 방식으로 요리하는 법(저는 요리하기를 매우 좋아합니다), 단백질과 새로운 맛을 찾는 법을 배웠는데, 이 때문에 저는 계속 즐겁게 균형 잡힌 식사를 합니다.

그런데 자신의 육체를 배려한다는 것은 또한 매일 운동을 하고, 자정 이전에 잠자리에 들며 숙면을 취하고, 자신의 감정을 수용하는 법을 배우고, 자신의 감각에 주의를 기울이는 것을 뜻합니다. 저는 이 모든 영역에서, 특히 스포츠와 수면의 영역에서, 이뤄내야 할 일이 여전히 많다는 걸 고백합니다. 쥐베날이 말한 것처럼, 지혜의 목표는 "건강한 몸에 건강한 정신이 깃드는 것"입니다. 저는 여기에다 "좋은 마음과 함께"를 덧붙이고 싶습니다.

저는 당신이 덕에 관해 말하기 전에 상당히 짧게 언급한 사랑의 문제로 돌아가고 싶습니다. 당신은 사랑이 지혜의 정점이라고 말했는데, 어떻게 올바르게 사랑할 수 있을까요? 열정을 불러일으키는 사랑-욕망과, 보편적인 무사무욕한 사랑을 어떻게 조화시킬 수 있을까요? 더 잘 사랑하는 법을 배울 수 있을까요?

사랑은 매우 다양하고 복잡한 감정이라, 우리가 사랑을 할 때 우리 내면에서 무슨 일이 일어나고 있는지, 우리의 동기와 기대는 무엇인지 구별해 내기가 참으로 어렵습니다. 내가 누군가에게 "당신을 사랑합니다"라고 말할 때, 이것은 "나는 당신을 욕망합니다"를 의미하는 것은 물론 "나는 당신이 행복하기를 바랍니다," "나는 당신을 필요로 하고 당신이 내게 관심을 갖길 원합니다," "나는 당신이 존재하고 있어서 행복합니다." 등을 의미할 수 있습니다. 그리고 사랑하는 관계에 있을 때에는 이것들을 거의 모두 동시에 가리킬 수 있습니다! 에로스(*eros*, 결핍과 연관된 사랑-욕망), 필리아(*philia*, 선택과 상호성을 내포하는 우정의 사랑), **아가페**(*agapé*, 완전히 대가 없이 주는 사랑)는 대개 서로가 겹쳐지고, 이런 이유에서 애정 관계의 복잡성과 모호성이 존재합니다. 따라서 항상 같은 주제로 돌아오는 것이지만, 우리 스스로를 알고 우리의 진정한 동기를 파악하는 것이 중요합니다. 우리는 사랑의 열정을 경험할 권리가 있지만, 그것을 경험하는 순간에 모든 명철함 — 어쨌든, 모든 객관성 — 을 잃는다는 사실을 통찰해야 합니다! 우리가 대체로 다른 사람에게 우리의 결핍, 기대, 필요를 투사한다는 사실에 관해서도 마찬가지입니다. 스피노자는 사랑을 완벽하게 분석했습니다. 그는 매우 간략하게, 그리고 매우 정확하게, 사랑을 "외적인 원인에 대한 생각과 연관된 기쁨"으로 정의했습니다. 아주 정확한 표현입니다. 기쁨은 원인(가령, 사랑하는 사람)에서 오는 것이 아니라, 원인에 대해 갖고 있던 생각에서 옵니다. 그런데 내가 앞서 언급한 것처럼, 그 생각은 적합하거나 적합하지 않을 수 있고, 사실이거나 틀릴 수 있습니다. 우리가 그 사람을 잘 알고 그 사람의 실제 모습 때문에 그를 사랑한다면, 이런 사실에서 파생하는 기쁨은 '능동적이고,' 깊고, 지속적인 기쁨이 됩니다. 반대로, 우리가 그 사람을 잘 알지 못하고 그 사람에게 우리의 모든 기대와 해결되지 않은 우리의 유아적 결핍 — 사랑의 열정에서 매우 빈번하게 나타나는 것입니다 — 을 투사하고 있다면, 그때 기쁨은 "수동적이고," 강렬하지만 위태로운 것이 됩니다. 스피노자는 우리에게 이런 사랑은 언젠가는 — 환상이 멈추게 될 때 — 슬픔으로 변할 것이며, 심지어 이따금씩 증오가 될 거라고(우리는 우리에게 환상을 품게 했다거나 우리를 배반했다는 이유로 상대방을 비난할 것입니다) 말합니다.

더구나 이러한 사랑의 파괴적인 성격은 사랑의 열정하고만 연관되는 것이 아닙니다. 그런 성격은 관계가 온정이나 증여보다는 결핍과, 이 결핍에서 생겨나는, 상대방을 지배하려는 성향에 토대한 것일 때에는 우정이나 부모-자식 관계에서도 나타날 수 있습니다. 조건적으로 자식을 사랑하는 부모가 전형적인 예입니다. 그들은 강렬한 소유욕과, 자신들이 원하는 것을 실현하려는 욕망을 갖고서 자식을 사랑합니다(이런 식으로 부모의 권리를 내세우면서 그들은 자신들이 과거에 실현할 수 없었던 것을 자식을 통해 실현하려고 애를 씁니다). 만일 자식이 삶의 명운이 걸린 일이나 직업, 또는 종교를 선택할 때, 부모와 반대되는 결정을 하며 그 지배력에서 벗어나고자 시도하면, 이때 부모는 자식이 자신들을 불행하게 만든다고, 배반한다고 비난하면서 폭력적으로 되고, 자식과의 관계를 완전히 끊을 수도 있습니다. 자식은 부모의 공허, 결핍을 채우기 위해 대개는 무의식적으로 그들 곁에 있고, 그 자식이 지배력에서 벗어나려고 할 때, 그는 배반자가 됩니다. 사랑은 올바르고, 지속적이고, 심원한 방식으로 피어나기 위해 자의식에, 명철함에, 선의에, 증여에 호소합니다. 우리의 배우자건, 우리의 친구건, 우리의 자식이건 간에, 다른 사람은 우리의 소유물이 아니라는 사실을 염두에 둡시다. 그를 진심으로 사랑한다는 건 그의 행복을 원한다는 것 — 이것은 부부 관계나 친구 관계에서도 필요합니다 — 이고, 그 역시 그만큼 우리의 행복을 원한다는 것입니다. 비록 그들의 선택이 우리의 선택과 다를지라도, 우리는 가까운 이들의 행복에 행복해합니다. 리비아의 시인 칼릴 지브란은 그의 책 『예언자』에서, 특히 아이들에 관한 글에서 이런 점을 뛰어나게 잘 표현했습니다. "당신의 아이들은 당신의 아이들이 아니라, 삶의 아이들입니다."

이런 이유 때문에, 여러 갈래의 지혜들은 집착 없이
사랑하도록 우리를 이끕니다.

그런 일이 어떻게 가능할까요? 수도승이 아닌 한, 우리가 어떻게 배우자나 아이들을 초연하게 사랑할 수 있을까요?

　우리의 마음이 가까운 사람들에게 집착하는 것만큼 자연스러운 일은 없습니다. 심지어 그와 반대되는 것은 걱정스럽기까지 합니다! 우리가 지혜에서 '초연함'이나 '집착하지 않음'에 대해 말할 때에는, 다른 사람을 자신의 것으로 만들려고 하지 않고, 어떤 대가를 치르더라도 그를 붙잡아 두려고 하지 않고, 그를 자신의 물건이나 재산으로 간주하려 하지 않는 정신에 관해 말하는 겁니다. 종속 관계에도 놓이지 말아야 합니다. 삶을 사랑하되, 이 사랑이 배타적인 감정적 관계의 프리즘만 통과하는 일이 없도록 합시다. 우리는 집착(소유나 종속) 없이도 (마음으로) 사랑하는 사람과 연결될 수 있습니다.

　우리의 정신은 그렇게나 많은 불행이나 비극으로 귀결되는 집착-소유/종속 관계에서 자유로워질 수 있습니다. 따라서 우리의 '집착하지 않음'은 사랑의 결핍의 산물이 아니라, 사랑의 우월함의 산물입니다. 우리가 '집착하지 않음'을 배양하는 것은 소유나 종속 관계 없이 다른 사람을 사랑하길 원하기 때문입니다. 물론 사랑의 결핍 때문에 '초연'해질 수 있는 것도 명백합니다. 하지만 이 두 가지 종류의 초연함을 혼동하지 맙시다. 그것들은 서로 전혀 관계가 없습니다.

비록 초연함을 기른다 하더라도, 예를 들어 가까운 사람이 죽게 될 때, 어떻게 가슴이 무너져 내리지 않을 수 있나요?

부모나 배우자, 소중한 친구를 잃을 때 우리는 깊은 슬픔에 빠집니다. 우리가 사랑하는 사람과 이별을 해야 하기 때문입니다. 그런데 우리가 집착-소유/종속 관계에 있을 때와 집착하지 않는 상태에 있을 때, 이 두 경우에 슬픔이 동일하지는 않을 겁니다. 전자의 경우, 무너져 내리는 건 우리의 세계 전체이고, 가까운 사람이 죽었다는 사실에 대한 슬픔은 우리를 우리의 결핍, 우리의 감정적 나약함, 심지어 죽음에 대한 우리 자신의 두려움에로 이끕니다. 후자의 경우, 우리는 태어남과 죽음의 보편적인 법칙을 받아들이면서 소중한 사람의 상실을 수용하게 됩니다. 그리고 우리는 그의 떠남이 어쩌면 그에게 좋은 것일 수도 있다는 걸 알고, 과거에 함께 보낸 행복한 모든 순간을 다시 기억해 낼 겁니다. 이때 어떤 기쁨이 슬픔의 한가운데에 존재할 수 있습니다. 저는 제 아내를 잃었을 때와 아버지를 잃었을 때, 이것을 경험했습니다. 그들의 영혼이 다른 차원에서 계속 존재한다는 믿음도 제가 그러한 경험을 하는 데 많은 도움을 주었습니다. 몽테뉴는 자신의 아이들 중 다섯을 잃었어도 "고통이 없었다"고 단언합니다. 이것은 그가 슬픔을 겪지 않았다는 걸 의미하는 것이 아니라, 그가 삶에 대해 분노를 느끼지 않았다는 것과 삶의 법칙을 받아들였다는 걸 의미합니다. 다음의 도교의 짧은 이야기도 이 점을 잘 표현하고 있습니다. "장자의 아내가 죽자, 혜자는 장자를 조문하러 갔다. 그는 장자가 키 모양으로 다리를 벌린 채 앉아 사발을 두드리며 박자에 맞춰 노래를 부르고 있는 것을 보았다. 혜자가 그에게 말했다. '자네는 평생의 배우자였고 자네의 아이들을 키운 사람의 죽음에 눈물도 흘리고 있지 않네. 이것만으로도 너무한데, 자네는 사발을 두드리며 노래까지 부르고 있네. 이건 너무 심하지 않나!' 그러자 장자가 말했다. '전혀 그렇지 않다네. 그녀가 죽었을 때, 나도 당연히 잠시 마음이 아팠다네. 하지만 시초(始初)에 대해 숙고해 보니, 그녀에게는 원래 생명이 없었다는 사실을 발견했다네. 그녀에게는 생명이 없었을 뿐 아니라, 형태조차 없었다네. 그리고 형태만이

아니라, 숨[장자 원문에는 氣로 되어 있다: 옮긴이]조차 없었
다네. 붙잡아 둘 수 없을 만큼 미묘한 무언가가 숨
으로 바뀌고, 숨이 형태로 바뀌고, 형태가 생명으로
바뀌고, 지금은 생명이 죽음으로 바뀌고 있다네. 이
모든 일이 봄, 여름, 가을, 겨울이 잇달아 찾아오는
것을 닮았다네. 지금, 나의 아내는 '대저택'[장자 원문
에는 巨室로 되어 있다: 옮긴이]에 누워 있다네. 만일 내가
대성통곡을 하며 슬퍼한다면, 그건 "운명"의 흐름을
이해하지 못하는 처사일 걸세. 이런 이유 때문에 나
는 곡하기를 삼가고 있다네.'"

에고의 감옥에서
'자기'의 자유까지

당신은 설명 없이 몇 번에 걸쳐 지혜와 자유를 연관시켰습니다. 어떤 점에서 지혜가 우리를 더 자유롭게 만들 수 있나요?

저는 정치적인 자유 — 예를 들어, 이동의 자유, 양심의 자유, 표현의 자유 — 에 대해서가 아니라 내적인 자유에 관해 생각하고 있었습니다. 우리는 수많은 정치적 권리를 갖고 있으면서도 우리의 열정이나 믿음, 잘못된 생각의 노예가 될 수도 있습니다. 이것은 스피노자부터 시작해 수많은 현자의 뒤를 따르면서 우리 모두가 확인하게 되는 사실인데, 스피노자의 주요한 책인 『에티카』는 자유를 향해 가는 진정한 길입니다.

저는 스피노자가 자유를 믿지 않았다고 생각합
니다.

그는 자유의지를 믿지 않았습니다. 말하자면, 모
든 내적인 제약으로부터 자유로운 선택을 하는 자
연적인 성향이 있을 거라고 믿지 않은 겁니다. 하지
만 그는 열정의 노예 상태에서 자유로울 수는 있다
고 믿었습니다. 스피노자의 입장에서 보면, 우리는
자유로운 존재로 태어나지 않습니다. 알다시피 우
리가 대개는 부적절한 생각과 연관된 무의식적인
정동에 의해 전적으로 조건 지어져 있기 때문입니
다. 그러나 우리는 우리의 생각, 믿음, 욕망, 감정을
바로 고치는 작업을 통해서 자유로워질 수 있습니
다. 이것이 그가 제안하는 모든 내적 자유의 길입니
다. 스피노자는 정치적인 동시에 영적인 위대한 해
방자입니다. 정치적인 이유는, 정치권력과 종교권력
의 분리에 입각해 양심과 표현의 자유를 보장하는
민주주의 체제를 제안한 최초의 계몽주의 사상가이
기 때문입니다. 영적인 이유는, 18세기에 그를 계승
한 다른 계몽주의 철학자들과는 달리, 인간에게는

부적절한 생각의 감옥과 여기서 파생하는 수동적인 정서에서 자신의 정신을 해방시키는 것이 매우 중요하다고 상기시키고 있기 때문입니다. 더 잘 사고하기를 배우면서 우리는 우리를 성장시키고 우리에게 능동적이고 지속적인 기쁨을 경험하게 해 줄 사람이나 사물을 대상으로 삼아 그리로 우리의 욕망을 향하게 하는 데 이를 수 있을 겁니다. 또한 이런 식으로 우리는 열정 ― 우리가 의식을 하지 못하기 때문에 가장 유해한 것 ― 의 노예 상태로부터 해방될 겁니다. 그는 고대의 현자들이 이미 대략적으로 생각했던 것과 같은 자유의 문제를 철학적이고 심리학적인 용어로 완벽하고 명확하게 진술해 놓았습니다. 예를 들어, 스토아학파는 우리가 연극에 등장하는 배우와 같다고 말합니다. 이런저런 역을 해내기로 선택하는 건 우리가 아닙니다. 그러나 우리는 연기를 잘하거나 하지 않을 자유, 연기를 하는 데서 즐거움을 얻거나 그러지 않을 자유가 있습니다. 에피쿠로스의 경우와 마찬가지로, 그들의 경우도 진정한 자유는 내적인 것이고, 그것은 우리가 상황에 반응하는 방식에서 명백히 드러납니다.

저는 거의 3천 년 전부터 '정신의 자유'를 촉구한
동양의 현자들에 대해서도 생각하고 있습니다.
동양의 현자들은 서양의 현자들과 동일한 관념
이었을까요?

완전히 동일한 관념이지만, 인도의 경우는 카르마
(karma, 업)와 윤회의 법칙에 대한 믿음이라는 문화
적 맥락에서 표현된 것입니다. 실제로, 인도인은 보
편적인 인과관계의 법칙이 존재한다고 확신합니다.
곧 각각의 행위는 결과를 낳는다고 봅니다. 그들
은 또한 살아 있는 각각의 존재는 내적으로 신적인
것(개인적인 것을 초월한 브라만brahman)의 일부분(아트만
atman)을 지니고 있다고 생각합니다. 무지에서 자유
로워지고 자신이 스스로 동일시했던 그 에고가 아
니라 신적인 것의 일부분이라는 의식을 가지며 다
시 태어남(삼사라samsara)의 끝없는 순환에서 벗어날
때까지, 아트만은 이 삶에서 저 삶으로, (동물을 포함
한) 이 육체에서 저 육체로 윤회를 거듭합니다. 이러
한 과정 끝에 '자기'의 실현이 이뤄집니다. 자신을
무지뿐 아니라 열정의 감옥으로부터 해방시켜 주는

167

영적인 의식을 통해 나를 거쳐 '자기'에 이르면서, 인간은 불교도들이 '깨달음'이라고 부르는 해탈(모사moça)에 이르게 됩니다. 그는 더 이상 인간으로 다시 육화되지 않고, 영원한 지복의 상태, 즉 니르바나(nirvana) 속에서, 우리의 인간적인 개념과 말로는 이해하거나 표현하기 불가능한 다른 차원에서 살게 될 겁니다.

당신은 나에서 '자기'에 이르는 것에 관해 조금 더 명확하게 설명해 주실 수 있나요? 왜 우리는 우리의 에고의 포로인가요, 그리고 무엇보다 당신은 에고를 어떻게 정의하고 있나요?

힌두교 베단타학파(*Vedanta*)의 위대한 철학-심리학에 따르면, 우리의 가장 심원한 정체성은 아트만, 곧 우리 안에 있는 신적인 부분(스토아주의자의 로고스와 등가)입니다. 문제는 우리가 이런 사실을 매우 빨리 잊는다는 것입니다. 우리가 존재하기 시작한 후 최초의 몇 주가 지나면서부터, 우리를 우리의 에고와 동일시하게 되기 때문입니다. 정신분석의 자아에 거의 상응하는 이 에고는 다른 존재와 분리되고 유일한 개인으로서 존재한다는 감정을 지닙니다. 그것은 다른 사람들의 시선을 통해, 그리고 그 다른 사람들에게서 파생하는 모든 생각과 감정을 통해 자신을 형성합니다. 바로 엄마의 시선을 통해서, 어린 아이는 자신이 엄마와 분리되어 있다는 것을 이해하고, 또한 자신이 하나의 정체성을, 자신에게 고유한 필요와 흥미를 갖고 있다는 것을 이해하게 됩니다. 이 아이는 자신에게 좋은 것을 제공하는 것, 즐거운 것을 추구합니다. 그리고 불쾌한 것, 자신에게 해를 입히거나 자신의 흥미에 부합하지 않는 것을 거부합니다. 에고는 생존하기 위해서 필요합니다. 에고가 없다면, 우리는 모두 정신질환자가 되고, 스스로를 방어할 수 없을 겁니다. 에고 덕분에 우리는 독립적으로 존재한다는 감정을 갖고, 우리에게 좋은 것을 제공하고 우리를 위험으로부터 보호해 주는 것을 추구할 수 있습니다. 잘 구조화된 자아 혹은 에고는 개인이 심리적으로 잘 발달하는 데 필수 불가결한 것입니다. 그런데 이때 두 가지 문제가 발생합니다. 첫 번째는, 우리가 다른 사람들을 잊고 우리와 우리의 필요에 너무 몰두하게 될 수 있다는 겁니다. 교육은 아이가 잘 구조화된 자아, 다시 말하면 자기에 대한 올바른 존중과 사랑을 획득하게 할 뿐 아니라, 다른 사람들을 고려하고 그들과 공유하는 이중의 임무를 완수해야 합니다. 성경의 표현인 "네 이웃을 너 자신처럼 사랑하라," 혹은 모든 고대 문화에 존재했던 그 유명한 황금률인 "사람들이 너에게 행하지 말았으면 하는 일을 다른 사람에게 행하지 말라"는 자기에 대한 사랑과 다른 사람들에 대한 사랑, 자기에 대한 존중과 다른 사람들에 대한 존중 사이에서 찾아야 할 균형을 잘 요약하고 있습니다. 그 두 가지 차원이 밀접하게 연관 있다는 걸 잘 보여 주면서 말입니다. 자신을 사랑하지 않는 사람, 자신을 존중하지 않는 사람은 다른 사람을 사랑하고 존중하는 데 무척 애를 먹을 겁니다.

저는 자기에 대한 사랑과 다른 사람에 대한 사랑, 이기주의와 이타주의 사이에서 균형을 찾아야 한다는 걸 잘 이해할 수 있을 것 같습니다. 그런데 '자기'에 이르기 위해 어떻게, 그리고 왜, 에고로부터 자유로워져야 하나요?

그것은 에고가 제시하는 두 번째 문제입니다. 우리는 결국 그 에고와 우리를 동일시하고 있습니다! 그것은 다른 사람의 시선 속에서 형성되고, 그 시선에서 파생하는 모든 생각과 감정으로 구성되어 있지만, 우리의 가장 심원한 정체성은 아닙니다. 그 정체성은 신적이거나 우주적인 정수의 성격을 띠고 있고, 우리가 단지 에고인 것만은 아니라는 사실을 이해할 때, 우리가 '자기'라고 부르는 것입니다. 이러한 의식은 '깨달음,' '계시'의 형태를 띠며, 항상 다른 사람의 시선을 통해 살아가고 칭찬과 비판에 민감하고 어떤 대가를 치르더라도 이익을 지키려고 시도하는 우리의 자아와 우리 스스로를 더 이상 동일시하지 않도록 해 줍니다.

'자기'의 실현은 동양의 지혜의 맥락에서 영적인

용어로 표현될 수도 있고, 우리가 이미 언급한 융의 개성화 과정의 맥락에서 심리학적인 용어로 표현될 수도 있습니다. 우리가 '전체'의 일부분이라고 깨닫는 한에서, 우리의 심원한 정체성은 우리가 상상하는 것보다 훨씬 더 특이하고 동시에 '절대,' 즉 전 우주에 존재하는 어떤 보편적인 에너지와 연관이 있다고 깨닫는 한에서, '자기'실현은 우리 자신과 우리와 세계와의 관계에 대한 시선을 변화시킵니다. 그리고 '절대,' 즉 보편적 에너지는 여러 흐름의 지혜에서 '신,' '신적인 것,' '로고스,' '도,' '브라만,' '세계의 영혼' 등으로 부르는 것입니다.

아이들의 지혜

우리가 대화를 시작할 때, 당신은 철학적인 지혜
는 심지어 아이들도 이해할 수 있다고 말했습니
다. 그런데 이 말은 다소 과장된 것이 아닌가요?
플라톤이나 에피쿠로스를 읽기 위해서는 추상적
인 개념에 대한 이해와 매우 능숙한 언어 실력을
갖추고 있어야 합니다. 그렇지 않습니까?

물론입니다. 그런데 당신은 철학을 하는 것과 철
학적 지식을 습득하는 것을 혼동하고 있습니다. 7
살 된 아이가 칸트의 『순수이성비판』, 심지어 아리
스토텔레스의 『니코마코스 윤리학』을 읽지 못하리
라는 건 명백합니다. 철학사의 위대한 저서를 읽는
일은 청소년기 전에는 이뤄질 수 없습니다. 읽는 이
가 아무리 뛰어난 재능을 갖췄다 해도 말입니다. 그
래서 저는, 비록 고등학교 2학년부터 그렇게 할 수
있을 거라고 생각하지만, 고3 때부터 철학을 지식으
로서 공부하기 시작하는 것을 매우 잘 이해합니다.
반대로, 철학을 하는 행위와 지혜를 추구하는 일은
훨씬 더 일찍 시작할 수 있습니다. 에피쿠로스는 그
의 『메노이케우스에게 보내는 편지』를 다음과 같이

시작합니다. "어렸을 때 철학을 하기 위해 기다려서는 안 되고, 늙었을 때 철학 하는 것에 지긋지긋해 해서는 안 된다. 왜냐하면 영혼의 건강을 위해 부단히 작업하는 데에는 너무 이른 시기도 너무 늦은 시기도 없기 때문이다. 그런데 철학을 할 시기가 아직 오지 않았다거나 이미 지나가 버렸다고 말하는 사람은 자신에 대해서 행복해 할 시기가 아직 오지 않았다거나 그렇게 될 시기는 이제 더 이상 없다고 말하는 사람과 비슷하다. 젊은 사람과 늙은 사람 모두 철학을 해야 한다. 전자는, 비록 젊다고 하더라도, 미래를 마주해서 고대인처럼 마음의 평정을 얻기 위해 그렇게 해야 하고, 후자는 과거의 즐거운 순간을 떠올리며 선(善)과 접촉해 다시 젊어지기 위해 그렇게 해야 한다. 따라서 행복을 낳을 수 있는 원인에 관해 숙고하는 것이 적합하다. 왜냐하면 행복이 우리의 것이 될 때 우리는 모든 것을 갖는 것이고, 행복이 우리에게 결핍되어 있을 때 우리는 행복을 얻기 위해 뭐든지 하기 때문이다."

실제로, 매우 이르기는 하지만, 아이들도 행복해지는 기술과 관련된 질문을 스스로에게 합니다. 아이들도 내적인 갈등, 감정적인 어려움과 대면하고,

어떻게 그것을 해결할까, 어떻게 감정을 다루는 법을 배울까를 스스로에게 묻습니다. 아리스토텔레스는 놀라움과 더불어 철학이 시작된다고 말합니다. 우리가 질문과 추론의 과정에 들어서게 되는 건 바로 우리가 놀라기 때문입니다. 아이들은 놀라워하고 질문하며 시간을 보내고, 아주 어릴 때부터 인생의 의미에 대해 스스로 묻곤 합니다. 저는 몇 해 전부터 유치원 3학년부터 CM2[초등학교 5학년: 옮긴이]까지의 학급에서 철학을 가르치고 있습니다. 제가 철학 교실에서 5살부터 11살까지의 아이들에게 어떤 주제를 원하느냐고 물을 때마다, 아이들은 한결같이 행복, 삶의 의미, 죽음, 사랑, 자유 등이라고 대답합니다. 이런 대단한 질문들이 그들을 열정적으로 만듭니다. 그리고 대개 그들의 대답에는 위대한 지혜가 담겨 있습니다!

아이들과의 철학 교실도, 고3처럼, 지식을 전달
하는 시간이 아닌가요?

　고3의 경우와는 크게 다릅니다. 철학 교실에서, 수
업을 이끌어 가는 사람(교사나 어른)은 아이들의 눈높
이에 맞춰야 합니다. 그는 가르치려는 사람의 태도를
취하지 않습니다. 이런 성격은 우선 그가, 모든 아이
들처럼, 원형으로 배열된 곳에 자리를 잡는 데서 나
타납니다. 이어서 그는 결코 자신이 생각하는 걸 말
하거나 아이들이 말하는 걸 판단하는 일 없이, 토론
을 북돋습니다. 그는 아이들에게 그들이 들은 것을
말하거나 평가받기 위해 이 자리에 있는 것이 아니
라, 자신의 생각을 표현하고 다른 사람의 생각을 듣
고 함께 생각 속으로 나아가기 위해 이 자리에 있는
거라고 설명합니다. 일단 토론의 주제가 결정되면,
수업을 이끄는 사람은 말하기를 원하는 모든 아이들
이 말할 수 있고, 주의 깊게 서로의 얘기를 듣고, 주
제에 집중하고, 이성적인 논증을 사용하고, 상대방을
존중하며 토론할 수 있도록 주의를 기울이면서 아이
들에게 번갈아 가며 말을 하도록 만듭니다.

이렇게 아이들과 함께 철학을 하는 것이 언제부터 있었나요? 프랑스의 초등학교에서 일상적으로 볼 수 있는 모습인가요?

아이들로 하여금 철학을 하게 만든다는 이 생각은 1970년대에 미국의 교육자 매슈 리프먼(Matthew Lipman)의 노력 아래 북아메리카에서 발달했습니다. 이어서, 퀘백 출신의 미셸 사스빌(Michel Sasseville), 프랑스인 미셸 토지(Michel Tozzi)와 자크 레빈(Jacques Lévine)을 통해 프랑스어권 국가에까지 이르게 됩니다. 2018년 현재 그것은 70개국에서 실행되고 있고, 2016년에는 프랑스인 에뒤주 시루테(Edwige Chirouter)의 책임 아래 유네스코에 아이들을 위한 철학 강좌가 개설되었습니다. 시루테는 또한 아이들과 철학 교실을 하기 위한 학위 과정을 낭트대학교에 개설했습니다. 이런 정책 — 저는 수많은 프랑스어권 국가에서 50여 차례의 철학 교실을 시행한 이후에 놀라운 효과를 확인할 수 있었습니다 — 의 발전에 기여하기 위해, 저는 프랑스 재단의 후원 아래 재단이자 협회인 세브(SEVE: Savoir

Être et Vivre Ensemble, 함께 존재하고 살아가는 법을 알기)를 공동 창립했습니다. 프랑스 재단은 비영리적인 목적에서 교사와 교사가 아닌 사람들에게 아이와 청소년들과 함께하는 철학 교실을 이끌어 가는 법을 배우는 과정을 밟을 것을 제안하고 있습니다. 2년 동안, 프랑스, 스위스, 벨기에, 캐나다, 룩셈부르크에서 거의 3천 명의 사람들이 이 코스를 밟았고, 수만 명의 아이들이 학교에서 철학 수업을 받을 수 있었습니다. 프랑스어권 국가에서는 동일한 목적을 추구하는 10여 개의 단체, 곧 필로 죈느(Philo jeunes), 프티트 뤼미에르(Petites Luimières), 레 프랑카(les Francas), 필로시테(Philocité), 에뒥필로(Éducphilo) 등이 있습니다. 이것은 진정한 본질적 운동입니다. 비록 철학적인 사고는 늦게 시작된다고 생각하는 사람들의 저항에 여전히 부딪히고 있지만 말입니다.

저는 그 저항을 이해할 수 있을 것 같습니다. 왜 냐하면 저는 10살 미만의 어린아이들이 성인과 같은 깊은 사고를 할 수 있다는 것이 잘 상상되지 않기 때문입니다.

몽테뉴는 『에세이』 1권 26장에서 "어린아이는 유모를 떠나는 순간부터 읽고 쓰기를 배우는 것보다 [철학을] 훨씬 더 잘할 수 있다"라고 확언하고 있습니다. 실제로, 제가 말했듯이, 아이들은 매우 어릴 때부터 인생의 의미, 신, 죽음, 행복 등에 관해 심오한 질문을 하고, 6살이나 7살부터는 논증을 펼치고, 논쟁을 하고, 문제 제기를 할 수 있습니다. 저는 초기에 코르시카 곶의 작은 마을에서 6살과 7살의 아이들과 함께한 철학 교실이 떠오릅니다. 그 아이들은 행복에 관해 말하고 싶어 했습니다. 몇몇 아이들은 행복이 욕망을 실현하는 데 있다는 생각을 전개했습니다. 그러자 한 아이가 손을 들더니 그들을 반박했습니다. 만일 상황이 그러하다면, 우리는 결코 진정으로 행복해질 수 없다고 주장하면서 말입니다. 왜냐하면 우리는 계속해서 새로운 욕망을 갖게 되기 때문입니다. 그러고는 그 아이는 다음과 같이 덧붙였습니다. "저는, 만일 제가 행복하기를 바란다면, 제가 이미 갖고 있는 것에 만족해야 한다는 걸 5살 때 이해했어요." 제가 그 아이에게 물었습니다. "학생 이름은 세네카인가요?" 그 아이는 대답했습니다. "아니오, 쥘리앙이에요." 결국 그 아이는 행복이 단지 욕망을 충족시키는 데에만 있을 수 없다는 걸 학급의 나머지 아이들에게 설득할 수 있었습니다. 다른 아이가 그 아이에게 물었습니다. "그러면 당신에게 행복은 뭔가요?" 그 아이는 잠시 생각한 후에 대답했습니다. "그저 있는 것, 그저 이 세상에 존재하는 것이에요." 사실 세네카도 이보다 더 잘 말할 수는 없었을 겁니다! 며칠 후, 저는 그 아이가 저녁에 집으로 돌아가서는 열정적으로 다음과 같이 말했다는 걸 알았습니다. "엄마, 엄마, 나는 철학을 하기 위해 7년 반을 기다렸다는 생각이 들어, 틀림없어!"

아이들을 기쁘게 하는 건, 성인에게 맡겨진 주제라고 생각하기 때문에 대개는 질문할 생각을 하지 않는 중요한 주제에 관해 자신들이 생각하는 바를 말할 수 있다는 것입니다.

철학 교실은 아이들에게 기쁨을 가져다줍니다. 이것은 철학 교실이 평가나 판단의 대상이 되는 일 없이 생각을 자유롭게 표현할 수 있는 유일한 공간이기 때문입니다. 그러나 이것만이 아닙니다. 철학 교실은 아이들에게 문제를 파악하고, 논거를 제시하고, 비판적인 사고를 전개하는 법을 배우도록 해 줍니다. 역시 몽테뉴가 말했던 것처럼, 교육은 단순히 "물병을 가득 채우는 것," "지식으로 가득한 머리"를 만드는 것이 되어선 안 되고, 특히 "불을 지피는 것," "잘 기능하는" 머리를 만드는 것, 즉 그들이 스스로 판단할 수 있도록 만드는 것이 되어야 합니다. 그리고 아이들이 중요한 것과 그렇지 않은 것이 구분되어 있지 않고 때로는 틀리기도 한(소문, 음모 이론 등) 정보를 접해야 하는 우리 시대의 환경에서는, 아이들에게 비판적인 정신과 구별하는 능력을 계발하도록 해 주는 것만큼 중요한 일은 없습니다.

　시사 문제와 관련된 아주 놀라운 다른 예가 제게
떠오릅니다. 파리에서 끔찍한 테러가 발생하고 몇
달 뒤인 2015년 말, 저는 파리의 CM1(초등학교 4학
년) 학급에서 지혜와 관련된 전형적인 주제, 곧 "삶
에서 성공한다는 것이 무엇이지요?"라는 질문을 던
지며 철학 교실을 진행했습니다. 많은 아이들이 삶
의 성공을 행복의 문제와 연관시킨 반면에, 9살 된
한 아이는 발언권을 얻고서 다음과 같이 말했습니
다. "테러리스트들은 사람들을 죽여서 행복해했어
요. 그런데 저는 그들의 삶이 성공적인 것이 아니
었다고 생각해요." 저는 질문했습니다. "왜 그렇지
요?" "왜냐하면 삶에서 성공하기 위해서는 행복도
좋지만, 또한 다른 사람을 존중해야 해요." 대부분
의 아이들이 이 생각을 지지했고, 심지어 더 나아
갔습니다. "맞아요, 삶에서 성공한다는 건 다른 사
람에게 해를 끼치지 않고, 올바르면서, 행복한 거예
요." 등. 이때 저는 그런 생각을 해낸 어린아이에게
대답했습니다. "알겠지만, 소크라테스라고 불리는
위대한 철학자가 있었는데, 이 사람이 2,500년 전에
학생과 거의 똑같은 말을 했어요." 그러자 그 아이

는 제게 대답했습니다. "소크라테스가 저처럼 생각했다는 걸 아니 저는 행복해요!" 저는 이 대답이 너무나 마음에 들었습니다! 저는 철학 교실을 진행하면서 인간의 이성과 여기에서 도출되는 생각이 진정으로 보편적인 성격을 지닌다는 걸 발견하게 됩니다. 아이들은, 공동의 생각을 통해, 고대인들이 이미 명확히 밝혀 놓았던 것을 스스로 다시 발견합니다. 이런 경험은 그들의 삶에 깊은 영향을 미칠 겁니다. 반면에, 내가 "소크라테스와 좋은 삶"이나 "세네카와 행복"을 주제로 그들에게 강의를 했다면, 어쩌면 그들은 아무것도 이해하지 못하거나 빨리 모든 내용을 잊어버렸을 것입니다.

당신은 종종 기쁨을 지혜와 연관된 감정인 것처럼 언급했습니다. 우리는 어린아이들이 대개는 매우 기쁜 상태에 있다는 걸 확인하게 됩니다. 이것도 그들이 조숙한 지혜를 가졌다는 신호일까요, 아니면 그 둘은 아무런 관계도 없는 걸까요?

제가 보기에, 어린아이의 기쁨은 완벽한 기쁨입니다. 현자라도 이런 기쁨을 되찾기 위해서는 매우 많은 시간과 노력을 들여야 할 겁니다! 어린아이들은 아직 그들의 에고에 의해 지배당하지 않는 상태입니다. 아이들은 완전히 현재 속에서 살고, 대단한 자연스러움을 보여 줍니다. 그들은 지혜의 핵심적인 3가지 자질을 갖추고 있습니다. 이런 이유 때문에 아이들은 매우 기뻐하고, 지혜의 위대한 스승들은 이런 아이들을 예로서 제시합니다. 그래서 예수는 시끄러운 아이들을 멀리 하려는 제자들을 나무랍니다. "아이들이 내게 오도록 내버려 두어라. 왜냐하면 하늘의 왕국은 그들을 닮은 자들의 것이기 때문이다"(마태복음 19: 14). 이런 생각은 이미 도교에도 존재했습니다. 혼자 생존하고 행동하는 데 완전히 무력한 어린아이는 그 존재 자체만으로도 어른들을 바쁘게 만듭니다. 그 아이는 가정의 중심입니다. 그 아이는 행동하는 일 없이 행동합니다. 그 아이는 기쁨과 자연스러움 속에 있습니다. 따라서 도교적 현자의 모델은 세상을 아는(혹은 안다고 믿고 있는) 노인이 아니라, 아이입니다. 노자가 말한 것처럼 말입니다. "세상의 골짜기가 되어라. 세상의 골짜기가 된다는 건 변하지 않는 덕과 일체가 된다는 것이다. 그것은 어린아이로 되돌아가는 것이다."

지혜와 연관된 어린아이들의 또 다른 자질이 있습니다. 그것은 감탄하는 능력입니다!

실제로 그렇습니다! 그리고 저는 한 가지를 덧붙이고 싶은데, 이것이 아마도 가장 중요할 겁니다. 삶에 대해 "예"라고 말하는 능력을 말합니다. 시련이 찾아올 때, 어린아이들은 거부나 부인을 하지 않습니다. 저는 어떤 병원에서 백혈병에 걸린 아이들의 병동을 책임진 한 교수가 말하는 걸 들은 적이 있습니다. 그는 무서운 병과 죽음에 대한 전망에도 불구하고 환자인 어린아이들에게서 발산되는 기쁨과 평정심 때문에 언제나 놀라움을 느낀다고 말했습니다. 그는 "괴로워하고 분개하는 건 아이들의 부모이지, 아이들이 아닙니다"라고 요약해서 말했습니다. 아이들은 지금 이 순간을 살기 때문에, 죽음에 대한 두려움을 갖고 있지 않기 때문에, 선입견 없이 감탄하고 질문할 줄 알기 때문에, 삶을 긍정하기 때문에, 기쁨 안에 있기 때문에, 당신이나 저처럼 어른이 된 사람들이 되찾고자 노력을 기울여야 하는 지혜의 모델입니다.

인용 문헌

Aristote, *Éthique à Nicomaque*, Jules Tricot 옮김, Paris, Vrin, 1994.

Bruckner, Pascal, *L'Euphorie perpétuelle*, Paris, Grasset, 2000; LGF, 2002.

Comte-Sponville, André, *Petit Traité des grandes vertus*, Paris, PUF, 1995.

Discours du Bouddha, *Samyutta Nikaya*, in *Sermons du Bouddha*, Mohan Wijayarantna 옮김, Paris, Seuil, "Points Sagesses," 2016.

Ehrenberg, Alain, *La Fatigue d'être soi, Dépression et société*, Paris, Odile Jacob, 2000.

Épictète, *Manuel*, Myrto Gondicas 옮김, Paris, Arlea, 1990.

Épicure, *Lettres et Maximes*, Marcel Conche 옮김, Paris, PUF, 1987; *Lettre à Ménécée*, Pierre-Marie Morel 옮김, Paris, Flammarion, "GF," 2009.

Freud, Sigmund, *Le Malaise dans la civilisation*, Bernard Lortholary 옮김, Paris, Seuil, "Points essais," 2010.

Hadot, Pierre, *Exercices spirituels et Philosophie antique*, Paris, Albin Michel, 2002.

Hillesum, Etty, *Une vie bouleversée, suivi de Lettres de*

Westerbork, Journal 1941−1943, Philippe Noble 옮김, Paris, Seuil, "Points," 1995.

Lao-Tseu, *La Voie et sa vertu*, François Houang et Pierre Leyris 옮김, Paris, Seuil, "Points Sagesses," 1979.

Lenoir, Frédéric, *Du bonheur, un voyage philosophique*, Paris, Le Livre de Poche, 2015.

Maïmonide, *Guide des égarés*, Salmon Munk 옮김, Lagrasse, Verdier, "Les dix paroles," 2012.

Montaigne, *Essais*, André Lanly 옮김, Paris, Gallimard, "Quarto," 2009.

Nietzsche, *Ecce Homo*, Jean-Claude Hémery 옮김, Paris, Gallimard, "Folio," 2012.

Sénèque, *Lettres à Lucilius*, Pierre Miscevice 옮김, Paris, Pocket, "Agora," 1991.

Spinoza, *Traité théologico-politique*; *Éthique*, Charles Appuhn 옮김, Paris, Flammarion, "GF," 1993.

Tchouang-tseu, *Œuvre complète*, Liou Kia-hway 옮김, Paris, Gallimard, "Folio essais," 2011.

감사의 글

나는 이 책에 등장하는 것과 같은 질문을 두고 나와 함께 수년 전부터 흥미로운 대화를 나눈 뤽 페리에게 진정으로 감사의 뜻을 전한다. 우리의 견해 차이는 우정에 해를 끼치지는 않았지만 종종 큰 것이어서, 나는 그가 제시했던 몇 가지 논쟁 사항을 이책의 질문자의 입을 빌려 다시 표현했다.

이 작은 책을 쓰는 내내 귀중한 질문과 지적을 해주며 이 책을 가장 생기가 넘치는 것으로 만들어 준쥘리 클로츠에게 온 마음으로 고마움을 표한다.

옮긴이의 글
지혜를 찾는 독자에 대한 조언

이 글의 저자인 프레데릭 르누아르는 1962년 아프리카 남동쪽의 섬나라 마다가스카르의 수도 타나나리브에서 태어났다. 그는 어릴 때부터 남다르게 철학과 영성에 관심을 느꼈는데, 13살 때 아버지가 선물하신 플라톤의 『향연』을 읽은 것을 계기로 그러한 관심을 더욱 열정적으로 키우게 된다. 처음에는 아버지의 선물을 탐독한 영향으로 에피쿠로스, 아리스토텔레스, 스토아학파 등 그리스 철학자들의 글을 접한다. 이어서 그는 인도를 여행하며 동양 현인의 저서를 알게 되며 탐독하게 된다. 이렇게 그가 어린 시절부터 청년기까지 철학과 영성에 몰두하게 된 이유는 '지혜 속에서 성장하기를' 원했기 때문이고, 이러한 바람은 그의 평생에 걸쳐 계속된다. 그가 대학에서 '지혜에 대한 사랑'을 의미하는 철학을 전공한 것도 이러한 이유 때문이다. 그는 1999 년에 사회과학고등연구원(l'École des hautes études en sciences sociales, EHESS)에서 박사학위를 받았는 데, 그 주제는 '불교와 서구의 만남'이었다. 이 논문 에서도 그가 '지혜'나 '행복한 삶'에 대한 이론적이 고 실천적인 앎을 중시했다는 걸 알 수 있다. 이후 로 그는 사회학자, 작가, 저널리스트로 활발히 활동 하고 강연도 하며 지금껏 50여 권의 책을 저술했는 데, 그중 『아이와 함께 철학하기』, 『철학, 기쁨을 길 들이다』, 『행복을 철학하다』 등 13권의 책이 우리 나라에 번역, 소개되었다. 국내에 번역된 프랑스 철 학자의 책치고는 많은 수이다.

이처럼 르누아르의 삶을 관통하며 요약하는 단어 가 '지혜'이고, 그는 이 책 『지혜를 찾는 이에게』에 서 다시 한 번 그 주제를 반복한다. 그 궁극적인 이 유는 '지혜'가 '행복한 삶'에 이르는 길이기 때문이 다. 그런데 르누아르는 이 글에서 여느 책처럼 지혜 로 충만한 말들을 늘어놓는 것에 그치지 않는다. 그 는 '지혜'를 명징하게 정의 내리고, '지혜'가 태어난 역사적 배경을 설명한다. 이어서 그리스 철학자와 고대 동서양의 영적 추구자부터 시작해 몽테뉴와 스피노자를 거쳐 현대에 이르기까지 '지혜'를 추구한 사람들을 소개한다.

그러면 지혜란 무엇일까? 그는 다음과 같이 설명한다.

> … 우리의 짧은 삶에서 가장 중요한 건 가능한 가장 좋은 삶을 영위하기 위해 마음과 지성이 말하는 바에 따라 살아가는 법을 배우는 것입니다. 이는 인간으로서 성장하기 위해서입니다. 그리고 깊은 차원에서까지 행복하고 다른 사람에게 가장 필요한 존재가 되기 위해서입니다. 또한 우리의 영혼을 어둡게 하고 우리와 타인과의 관계를 깨트리는 악을 정복하기 위해서입니다. 이런 것이 '지혜'라고 불리는 것입니다. 곧 고귀하고, 의식적이고, 명철하고, 책임감 있고, 상냥하고, 다른 사람과 조화를 이루고, 올바르고, 마음의 평정을 유지하고, 기쁘고, 자유로운 삶이라는 이상을 향해 나아가는 것입니다. (p. 11)

그런데 이러한 지혜를 얻기 위해서는 지속적인 의

식적 노력과 행동이 필요하다. 실제로, 르누아르는 우리가 '지혜'를 완전하게 얻을 수 있을 거라고는 생각하지 않는다. 필요한 건 지혜라는 이상을 향해 평생에 걸쳐 나아가는 것이다. 세계를 주의를 기울여 관찰하고, 현인의 글을 읽고, 앎을 일상에서 실천하는 것이 필요한 것이다. 이 책은 그러한 과정에 도움을 주기 위해 쓰인 것이고, 그래서 가급적 많은 현인의 말과 일화가 압축적으로 소개되고 있다.

그런데 인간은 내적인 삶을 사는 동시에 외적인 삶을 산다. 외적인 삶으로는 집단 내지 사회와 정치가 있다. 인류는 처음에는 이 외적인 삶을 중시했다. 그러다가 개인적인 내적 의식이 싹트게 된다.

당시, 인간 사회는 제도화된 종교에 의해 완전히 지배되고 있었습니다. 그 종교는 신앙과 의식을 전달하고, 막 형성되기 시작한 여러 거대 문명의 토대 역할을 했습니다. 개인은 집단보다 덜 중요한 존재였습니다. 그런데 『길가메시 서사시』는 종교적이고 집단적이기보다는 영적이고 개인적인 차원의 염려를 드러낸 최초의 텍스트였습니다. 하지만 개인의 운명에 관한 물음이 보편화되기 위해서는 천 년을 훨씬 넘는 시간을 기다려야 했습니다. 기원전 첫 번째 천년의 중간쯤이 되어서야 모든 문화적 영역에서 개인의 **행복, 선한 삶, 안녕과, 해방**을 추구하는 걸 보게 됩니다. 중국, 이집트, 페르시아, 메소포타미아, 유대, 인도, 그리스 할 것 없이 도처에서 인간적 삶의 의미에 대해 자문을 하고, 도시나 왕국 또는 제국의 운명만큼이나 **개인의 운명**에 대해서도 심사숙고를 하게 됩니다. 이렇게 해서, 인류의 거대한 영적인 흐름들이 출현하는 것과 더불어, 중국의 유교와 도교, 인도의 우파니샤드와 자이나교와 불교, 페르시아의 조로아스터교, 이스라엘의 메시아주의적 유대교, 그리스의 철학과 같은, **지혜를 추구하는 흐름**이 생겨나게 됩니다. (pp. 28-9. 옮긴이 강조)

이렇게 지혜는 역사적인 상황을 배경으로 태어나게 된다. 이는 지혜의 추구가 역사적으로나 개인적으로 필연적인 것이라는 걸 암시한다. 우리가 누구나 개인적으로 행복하기를 원하고, 그 행복에 이를 수 있는 길인 지혜를 추구하는 경향이 있기 때문이다. 그런데 현대사회도 과거의 사회만큼이나 개인의 행복과 상충될 때가 많다. 특히 물질적인 부를 가장 우선시하는 오늘날의 행태는 금전이 행복과 동일시되는 결과를 낳았고, 이 때문에 '지혜의 추구'라는 전통은 주류 사회에서 과거의 폐기된 유산처럼 간주되곤 한다. 그러나 르누아르가 지적하는 것처럼 오늘날만큼 개인들이 지혜의 중심에 있는 행복을 갈구하던 때는 없었다. 이처럼 이 책은 지혜에 대한 충실한 안내서이자 현대사회에 대한 비판서이기도 하다. '지혜의 추구'는 개인과 사회 모두의 노력이 되어야 한다.

우리말로 번역된 지은이의 책

『아이와 함께 철학하기』(강만원 옮김, 김영사, 2019)

『철학, 기쁨을 길들이다』(이세진 옮김, 와이즈베리, 2016)

『행복을 철학하다』(양영란 옮김, 책담, 2014)

『소크라테스 예수 붓다』(장석훈 옮김, 판미동, 2014)

『오직, 사랑』(강만원 옮김, 김영사, 2014

『네오르네상스가 온다』(김수진 옮김, 생각의길, 2013)

『루나의 예언』(강만원 옮김, 창해, 2012)

『젊은 날, 아픔을 철학하다』(강만원 옮김, 창해, 2011)

『신이 된 예수』(강만원 옮김, 창해, 2010)

『그리스도 철학자』(김모세, 김용석 옮김, 연암서가, 2009)

『불교와 서양의 만남』(양영란 옮김, 세종서적, 2002)

공저

『이중설계』(비올레트 카브스 공저, 이재형 옮김, 예담, 2005)

『추적 — 다 빈치 코드의 진실과 거짓말』(마리 프랑스 에슈고앵 공저, 이승재, 이희정 옮김, 문학세계사, 2005)